Resultados extraordinarios

RESULTADOS EXTRAORDINARIOS

Técnicas y estrategias sencillas
para alcanzar tus sueños y hacerlos realidad

Bernardo Stamateas

GRUPO ZETA **Z**

Barcelona • Madrid • Bogotá • Buenos Aires • Caracas • México D.F. • Miami • Montevideo • Santiago de Chile

1.ª edición: mayo 2014

© Bernardo Stamateas, 2007
© Ediciones B, S. A., 2014
     Consell de Cent, 425-427 - 08009 Barcelona (España)
     www.edicionesb.com

Printed in Spain
ISBN: 978-84-666-5488-3
DL B 7250-2014

Impreso por LIBERDÚPLEX, S.L.
Ctra. BV 2249, km 7,4
Polígono Torrentfondo
08791 Sant Llorenç d'Hortons

*A todo el equipo que ha hecho posible
que este libro esté en tus manos:
Noelia Pepe, Silvana Freddi, Vera Mansilla,
Mariela Lucente y Martín Nasazzi.*

*A mis mentores:
Lucas Márquez (Chile), Ernesto y Silvia Silva
(México), Otoniel y Elizabeth Solares (EUA), Rubén
Giménez (EUA), Dina Santamaría (Venezuela),
Myles Munroe (Bahamas), T. D. Jakes (EUA), Brian
Tracy (EUA), Juan Carlos Kusnetzoff (Argentina) y
otros tantos «desconocidos» para muchos, que me han
inspirado y motivado a creer que es posible alcanzar
los sueños.*

A todos ellos: ¡GRACIAS!

ÍNDICE

INTRODUCCIÓN

Sueños, metas, objetivos, propósitos, ideas, éxitos, resultados, son algunos de los términos que encontrarás en este libro y que leerás reiteradamente para poder actuar y construir tu presente y tu futuro de una manera más eficaz. Naciste con un propósito, no es casualidad que hoy tengas el nombre que tienes, no es casual el lugar ni el país donde naciste.

Has sido creado para avanzar, para conquistar, y estás capacitado para lograr todo lo que te propongas. **Eres un ser creativo, y la creatividad en su máximo desarrollo te conducirá al éxito.** Eres único y diferente de todos los demás, te distinguen tu estilo, tus formas, tus ideas, tus errores y aciertos. Cada uno de nosotros tiene un estilo y un proyecto, y lo importante, lo que nos diferenciará de los demás, será el sueño por el que luchamos y los resultados que obtenemos. Cada uno a su debido tiempo.

Sin embargo, hay una actitud que nos iguala a todos a la hora de alcanzar un resultado exitoso: **Todos necesitamos poner nuestros proyectos en marcha y en acción**

para verlos concretados. ¿Qué estás esperando? Determina tu sueño y su resultado, porque cuando tienes un sueño en tu espíritu, *nunca* envejeces, *nunca* te retiras, *nunca* te jubilas: porque el sueño te mantiene joven y vivo. Vejez no es sinónimo de años, sino de falta de objetivos, de metas. Quizá te olvidaste de soñar o te dijeron que eso no era para ti, que ya estás demasiado mayor, o que no tienes las capacidades para lograrlo, pero te mintieron. **El sueño te aportará nuevas fuerzas, te hará batir alas como las águilas, correrás y no te cansarás, caminarás y no te fatigarás. No importa la edad que tengas, necesitas un sueño.**

No hay edad para soñar, siempre podrás hacerlo, porque el sueño te despierta y te vigoriza. Si no sueñas y no tienes metas, ni objetivos ni propósito, nunca sabrás cómo se siente una persona exitosa.

En pocas palabras, tu sueño será tu sello y te diferenciará de los demás. Expresiones como **«no se puede»** no te pertenecen. Son una mentira.

Todos tenemos la posibilidad de ser un poco genios, solo hay que animarse a descubrirlo.

La **creatividad** te llevará al éxito, te hará capaz de pensar con flexibilidad y te posibilitará adaptarte a los continuos cambios que estamos viviendo.

La **creatividad** te hará ser una persona competente, en cualquier ámbito en que te involucres.

La **creatividad** te llevará a la innovación de ideas, de sueños, de propósitos y metas. La creatividad te meterá en el tiempo del hacer y te sacará de la ineficacia y de lo que no te conviene.

Cada mañana al levantarte di: «Este es El día, me alegraré y gozaré porque ya estoy viendo mi conquista»; abre tus ojos y comienza a proyectarte, no importa la edad, no importa qué le pasa a tu cuerpo, el sueño te dará las fuerzas que necesitas para capturarlo.

Crea motivos, metas, resultados; abre nuevas puertas para estar gozoso. Estés en el lugar que estés, tengas la profesión que tengas, descubre y suelta tu imaginación y tu creatividad. No te dejes negativizar, no permitas que roben tu recompensa los aniquiladores de sueños.

Las actividades de todos los días: levantarse, desayunar, ir a trabajar, volver a casa, ir a buscar a los chicos al colegio, pagar las facturas, atender las demandas, resolver problemas, los paros, las huelgas, los atascos de tráfico, en síntesis: «la rutina de todos los días» es la principal actividad que te adormece, te hace entrar en un sueño profundo sin proyectos, sin metas, perdiendo así el valor del tiempo y la vida de que dispones. Por todo esto es que muchas personas no son felices.

Quizás están casadas, tienen hijos, un buen trabajo, ganan mucho dinero, y, sin embargo, siempre parecen disconformes con lo que tienen, y tal vez durante el día se encuentran preguntándose: «¿Para qué hago todo esto...?» Y añaden: «No soy feliz...»

No obstante, a simple vista tú pensabas que lo tenían todo. Pero no, la felicidad, los logros, los resultados y el éxito no llegan de esta manera. Lo que pasa es que esta clase de personas funciona con el pensamiento equivocado. Piensan que la felicidad viene sola, y que un día milagrosamente va a llamar a su puerta; la esperan de esta forma y la buscan en lugares donde seguramente no estará.

La felicidad es un derecho que Dios te ha dado por ser humano. Felicidad es un estado que tienes que alcanzar en tu vida. Felicidad no es un don que se te regala, sino una cima que debes luchar por conquistar. Felicidad no es algo que viene y llama a tu puerta y se mete en tu corazón. Felicidad es una cima que tienes que escalar y coronar.

FELICIDAD ES UN ESTADO DE PAZ INTERIOR

Descúbrete, créate. Conoce tus propias emociones, todo aquello que te fortalece y todo lo que te debilita, lo que te acerca a los demás y lo que te aísla. Te urge saber quién eres y adónde vas. Necesitas arriesgar y actuar para avanzar.

Porque todo lo que el ser humano busca, realiza, piensa y decide siempre está enfocado al logro de su felicidad. Su objetivo es alcanzarla.

Puedes subir a la cima de tu felicidad, pero para lograrlo tienes que aprender a alejarte de la gente incorrecta y ver con quién te relacionas. La gente incorrecta de tu entorno no permitirá que subas y corones esa cima que te está esperando. **¡Aléjate de la gente incorrecta y de los pensamientos incorrectos!**

Esta gente no se alegra con tus logros, con tu avance; ellos son los que hoy hablan mal de otros y mañana hablarán mal de ti.

Júntate con los que tengan tu misma mentalidad, con gente con metas, porque ellos siempre te ofrecerán una palabra de desafío, una palabra que te empujará a un nuevo nivel de conquista y resultados.

Trata bien a los demás y cosecharás amigos, gente que te vá a defender en las malas épocas, personas que desde el anonimato te van a ayudar porque sembraste bendición, puesto que cuando siembras buen trato, cosechas sabiduría, conexiones de oro. Es tu don lo que te abrirá las puertas y te llevará delante de los grandes.

Ten en cuenta que el **éxito** no está asociado a una determinada clase social, ni a un estatus, sino a la habilidad y la capacidad que cada persona tenga para resolver las dificultades y los problemas; a la intención de buscar soluciones permanentemente y a una determinación de soñar y alcanzar objetivos, metas y resultados.

Valor, esfuerzo, persistencia, tenacidad, decisión y pasión son algunas de las características que vas a necesitar para convertirte en una persona que logra resultados extraordinarios en todo lo que hace.

Abre tu mente, desafía tus pensamientos, tu sistema de creencias, empéñate en soñar con la absoluta convicción de que lo vas a lograr. **La calidad de tus pensamientos determinará la calidad de tu vida.**

El milagro más grande es cambiar tu pensamiento, porque si cambia tu manera de pensar cambiará tu manera de vivir.

Tu pensamiento tiene que orientarse hacia el que ya lo conquistó; si otro lo pudo alcanzar, tú también. Hay alguien en esta tierra que ya alcanzó tus sueños, alguien ya lo logró.

Todos los recursos que necesitas para alcanzarlos están dentro de ti. Ahí, en tu interior, está escondido el secreto que te llevará al resultado extraordinario, el que hará que las cosas sucedan.

El momento en que lo descubras será maravilloso y sorprendente. Eres el único responsable de que las cosas sucedan, ya que cuando hayas asumido ese compromiso estarás pisando el umbral del lugar en que las cosas suceden.

Si tu deseo es seguir llevando la vida que tienes, adelante. Pero si tu meta es salir del anonimato, debes diferenciarte de la masa. Tus sistemas de creencias y de pensamiento te identificarán y te distinguirán dentro del montón. Eres dueño de una posesión riquísima: tu mente. **Lo que determines ser es lo que serás. En lo que te propongas pensar, en eso te convertirás.** No dependerá de ser rico o pobre, aburguesado o excéntrico.

El éxito no es lo que hoy te venden los medios de comunicación y la sociedad. El **éxito** es individual. Depende de uno mismo descubrirlo y proponerse lograrlo.

Éxito es un derecho que tienes que alcanzar y que no viene solo.

El **éxito** consiste en establecer proyectos y objetivos para concentrar toda nuestra atención en ellos y en el logro de obtener resultados extraordinarios.

El **éxito** llega cuando una persona determina acciones, movimientos, decisiones, hábitos, actitudes, planes, metas, sueños, objetivos para que este llegue. Y de todo esto te hablaré en el presente libro.

El **éxito** es salir y quebrar toda estructura de pensamiento que te haga sentir mal, fracasado y destruido. Tomar lo que es tuyo, crear y poner en marcha todos los proyectos y todos los sueños que alguna vez pudiste haber tenido. Lo que decidas hoy será tu herencia y tu legado.

El camino a la meta puede parecer largo y pedregoso, pero no imposible de escalar. **Al que cree todo le es posible.** ¡ÉXITOS!

BERNARDO STAMATEAS
www.presenciadedios.com

1

METAS Y SUEÑOS CLAROS

> Lo que hoy es evidente, antes fue
> imaginario.
>
> WILLIAM BLAKE

Una vez, una persona dijo: «¡Tengo un sueño!», y lo logró. Era Martin Luther King: su sueño lo estimuló a pelear, a vivir y enfrentar desafíos. Su sueño lo llevó a ser parte de un movimiento pacifista y antirracial, y lo motivó a hacer cosas que quizá nunca pensó hacer. Su sueño lo modeló como persona y como político. Su sueño mostró lo más noble de su esencia. Su sueño lo condujo hacia un lugar de exposición, de reconocimiento, de validación y de historia.

El sueño dará valor y significado al esfuerzo que la persona diariamente realiza para conquistarlo y para afrontar los desafíos que le demanda.

¿Hacia dónde te conduce tu

> Tu sueño se encargará de mostrar no lo que eres hoy, sino lo que llegarás a ser y a hacer en pos de su cumplimiento.

sueño? ¿Eres capaz de hacer mucho más de lo que estás haciendo por alcanzarlo?

Tu sueño se encargará de mostrar no lo que eres hoy, sino lo que llegarás a ser y hacer en pos de su cumplimiento.

1. CAMINO HACIA MI SUEÑO

En algún momento de nuestra vida todos soñamos con ser exitosos y alcanzar los sueños y metas que nos proponemos. Piensa por un momento lo que te gustaría hacer, lo que siempre has deseado; piensa en aquello que agrega valor a tu vida; descubre tu pasión, y así sabrás cuál es tu sueño. ¿Cómo te ves en él?

Bueno. Ya has soñado, ya lo has visto, ahora lo que necesitas es darle vida. Su nacimiento y su crecimiento te llevarán a logros extraordinarios.

Alcanzarlos es una necesidad tanto espiritual como personal, que existe en cada ser humano desde el momento en que nos hacemos cargo de nuestra propia vida y nuestro futuro.

El sueño te diferencia de los demás. Para soñar necesitarás coraje, porque tu sueño desafiará tu mente y tus pensamientos. Te hará ir más allá de preconceptos, te motivará y te inspirará a hacer cosas que la mayoría no se anima a hacer.

Cuando uno lucha por lograr su sueño, funcionará mucho más allá de sus límites.

Tu sueño nunca aceptará un **«no, no se puede»** de ningún experto que te explique que no va a funcionar; con que tú creas en ti mismo y uses todo el potencial y todas las capacidades que tienes para abrazarlo, eso te será suficiente para conquistarlo.

No mates tu sueño por agradar a los demás. No lo abandones, no te mueras con él. No eres un clon, eres único, y único es tu sueño, y nadie más será capaz de soñarlo y alcanzarlo como tú. Tu sueño te pertenece. Defiéndelo y todos los días recuérdatelo.

> Lo lamentable de la vida no es dejar de realizar un sueño, sino dejar de tener un sueño para realizar.
>
> **Jesse Jackson**

Por ejemplo, Nelson Mandela tenía un sueño: eliminar la discriminación racial que había en su país. Luchó por él incansablemente, y en 1960 fue arrestado y acusado de traición. Permaneció preso durante 27 años y luego, una vez liberado, se convirtió en el primer presidente negro de la República Sudafricana y suprimió el *apartheid*.

Luchó por su sueño y lo consiguió.

Gandhi fue otro soñador, diferente y distinto a la gente de su pueblo y su tiempo, pero no por eso estuvo exento de dificultades. Llevó a su país a la independencia mediante una revolución pacífica y se involucró en la lucha por los derechos de sus compatriotas. Gandhi fue el símbolo de la India libre; fue arrestado numerosas veces, y aun así su pueblo no entendía su doctrina, pero él continuó su lucha hasta la muerte. Todavía hoy, se habla de él como de una persona que luchó hasta el último momento contra las injusticias sociales y sus enseñanzas sobre la paz inspiran a los movimientos pacifistas de todo el mundo.

Estas fueron personas que se atrevieron a hacer de sus sueños una realidad. Y no solo eso: forman parte de la historia de los pueblos. La lucha por sus sueños es la huella que han dejado.

Ahora te toca a ti. ¿Cuál es el sueño que te distingue y te diferencia de los demás? ¿Cuál de todos ellos dejará huella?

> Tu sueño te hará marcar la diferencia, tu sueño te llevará a la acción, al éxito y al reconocimiento.

Solo en una página de internet hay más de diez mil libros sobre «cómo alcanzar el éxito», lo que demuestra cuánto desean las personas lograr sus anhelos y ver cumplidos sus sueños.

El problema es que no siempre se logran, y cuando los resultados no son los esperados, el individuo se frustra. Es decir, a veces sucede que nos sacrificamos haciendo demasiadas cosas y, no obstante, los logros no son los que esperábamos.

Sin embargo, día a día, observas que hay gente a la que le va mejor que a los demás y este resultado diferente no se debe a que esas personas sean mejores, sino a que hacen las cosas de otro modo, distinto al tuyo. **El secreto está en que la gente con éxito solo piensa diferente de la gente que no lo es.**

En otras palabras, esto significa que **«si hago lo que ellos hacen, obtendré los resultados que ellos obtienen».** Y para ello, necesitas descubrir qué es lo que les funciona e incorporarlo a tu vida y tus sueños.

Uno de los secretos que debemos tomar en cuenta es que no tenemos que trabajar más horas, sino producir mejores resultados. Ten en cuenta que **las organizaciones te pagarán más por resultados que por horas trabajadas.**

Porque puedes tener mucha actividad pero pocos logros. Y quienes te contratan no lo hacen para que trabajes, sino para que obtengas resultados exitosos.

¿Te ha pasado que en algún momento de tu vida llegaste a un límite, a un punto donde te detuviste, donde te estancaste, donde pensaste que no tenías más fuerzas, que no

valía la pena seguir, aunque en
tu interior sabías que ese no era
el lugar donde querías estar y
sentías que debías seguir adelante?

> Sabemos que el éxito no
> viene por suerte ni por
> casualidad, al éxito hay que
> programarlo.

Entonces, ¿cómo darnos
cuenta del tipo de vida que estamos llevando? ¿Cuándo sabremos si realmente tenemos el control sobre ella? Y ¿cómo
saber si estamos bien, orgullosos y satisfechos de nosotros
mismos?

Respuesta: cuando **el grado de satisfacción con uno
mismo sea proporcional a la sensación de estar contro-
lando su vida**.

Actualmente vemos personas de quince, veinte y hasta
treinta años sin deseos, sin metas, sin sueños; jóvenes que hoy
tienen lo que se denomina en psicología «depresión blanca».

Esta enfermedad provoca la falta de deseo por todo: si
consiguen trabajo no les impacta; si se echan novia, no les
importa, y si la pierden, tampoco. Personas que con el mismo rostro expresan alegría, dolor y tristeza.

Individuos sin anhelos, personas adormecidas y otras
con pseudodeseos que cuando los alcanzan no los satisfacen porque no era lo que realmente deseaban y, por tanto,
continúan sintiéndose infelices.

Por todo esto, sabemos que las personas estarán bien
consigo mismas cuando logren cosas. ¿Por qué? **Porque el
hombre ha sido diseñado para alcanzar los sueños que se
propone**.

Cuando una persona tiene un sueño, ese sueño lo mantendrá de pie, con fe. No importa el tiempo que pase, traba-
jará en pos de su sueño hasta verlo realizado y cumplido.

El sueño determinará que te sientas bien, que controles tu vida y que no se te pasen los años sin dejar huella.

¿Sabes qué es la esperanza? Es esperar algo, y un sueño es esperar lo que vendrá, lo que hoy no ves realizado pero que sucederá.

Tu acción y tu inspiración tienen que ir en pos del cumplimiento de ese sueño. Porque de otra manera, ¿para qué te sirve tener inspiración, acción, fe, si no tienes un sueño, una meta?

> **Tus sueños pulverizarán tu manera de pensar y te librarán de tu anterior mente de esclavo.**

Si no tienes un sueño por el cual vivir, no tienes motivos para seguir. Es por eso que para ver tus sueños cumplidos tienes que proyectar planes y estrategias que te sirvan para alcanzarlos.

Tu sueño te va a mantener vivo, porque él se encargará de sanar tu cuerpo:

- Si tu sueño es estar sano físicamente, debes tener un plan para lograrlo.
- Si tu sueño es ser rico, debes tener un plan para lograrlo.
- Si tu sueño es tener una familia totalmente feliz, debes tener un plan para lograrlo.

Por eso en los países desarrollados, los que obtienen resultados extraordinarios tienen *«mentalidad de metas»*. Porque tener metas es saber adónde uno quiere ir. En otras palabras, para alcanzar el éxito lo primero que uno debe hacer es establecer metas, porque necesitamos saber qué es lo que queremos alcanzar y adónde debemos llegar. Además, una actitud transformadora te posibilitará alcanzar todas las metas que te propongas.

Desear en gran manera algo, en griego se dice *epipoteo*, que significa pasión, intenso deseo que no se apaga, deseo que nadie borra, deseo que no desaparece con nada. Entonces, cuando tus deseos sean grandes, tus excusas no van a existir más. Es decir, cuanto más exitosa es una persona, menos excusas tiene.

Veamos:

- Roosevelt era paralítico y fue presidente de Estados Unidos.
- Helen Keller era sorda y ciega y fue una gran escritora.
- Goodyear estaba en la cárcel e inventó el neumático durante su reclusión.

Como te darás cuenta, para estas personas no existieron las excusas. Debes ser rico en sueños y metas porque **lo que piensas es lo que crecerá en tu vida.**

Hay matrimonios que se pelean y repiten constantemente «me voy a separar», «esto no da para más»; y como lo que uno más piensa es lo que crece, con el tiempo terminan separándose.

Todas las personas que en algún momento se decidieron a ser ricas pensaron durante mucho tiempo en cómo llegar a ser millonarias, y por eso lo lograron. Este es un principio psicológico y espiritual. Si yo pienso miedo, el miedo seguramente crecerá; si yo pienso dolor, el dolor crecerá. **Lo que más pienso, es lo que crece.**

> No encierres tu crecimiento y tus sueños en una pecera.

Por ejemplo, los japoneses descubrieron que si a una cría de tiburón la colocas en una pecera, no crece, pero si la echas al mar, sí crece y se convierte en todo un tiburón.

Ahora bien, es cierto que escuchamos comentarios y leemos toda clase de libros acerca de que todos necesitamos tener sueños. Sin embargo, ¿cómo los alcanzamos? Es decir, nos enteramos de *lo que hay que hacer*, pero no aprendemos *cómo hay que hacerlo*. Nos dicen que hay que tener sueños, pero no nos dicen cómo hacerlos realidad.

Por eso, el objetivo de este capítulo es darte principios y herramientas para que los pongas en práctica, principios que miles de personas ya han experimentado y logrado. Lo que quiero darte son técnicas sencillas para que puedas tener metas claras y específicas, y te aseguro que *todo lo que hagas te saldrá bien*.

2. IDENTIFICAR EL SUEÑO A ALCANZAR

«Identificar mi sueño»

Lo primero que hay que tener claro es que debemos definir exactamente qué queremos conseguir en cada área de nuestra vida. ¡No hay nada peor que levantarse mañana tras mañana y no saber qué estamos buscando!

Alguien dijo: «No hay nada peor que hacer muy bien lo que no es necesario hacer.»

George Soros, por ejemplo, es un hombre que tiene cinco mil millones de dólares y en una ocasión dijo que cambiaría toda su fortuna por poder ser un buen profesional. El sueño de él, el deseo que tenía en su corazón, era ser un gran filósofo, pero no lo alcanzó. Por eso declaró que cambiaría toda su fortuna por su sueño.

Los pseudodeseos no te llenan el corazón: aunque los alcances, son solo falsos deseos.

Tener los sueños claros nos da la seguridad de saber adónde queremos llegar, la tranquilidad de saber cuándo llegamos y el valor para no detenernos a mitad del camino.

¿Cómo podrás dar en el blanco si no ves el blanco? No olvides que **el fracaso en la planificación es la planificación del fracaso.** Es por eso que debemos ser inflexibles con los sueños, pero flexibles con el camino que tomaremos para alcanzarlos.

3. CONDICIONES INDISPENSABLES DE LAS METAS

Primer paso: Identificar las metas y las estrategias a seguir para alcanzarlas

El secreto está en saber establecer metas, las cuales son los pasos que te llevan al cumplimiento de un sueño. De esta manera, podemos decir que el sueño es la meta final, el gran objetivo de tu vida.

En suma, todos tenemos sueños financieros, personales, profesionales, etcétera. Y ¿cómo los alcanzaremos? Con metas. En consecuencia, cuando tienes un sueño pero no tienes metas, deja de ser un sueño para convertirse en una fantasía. Generalmente, en Fin de

¿Quieres conocer un principio poderoso? Nunca olvides que las pequeñas metas te llevan a los grandes sueños.

Año, a la hora de brindar, simplemente pedimos deseos, pero estos no son sueños. En otras palabras, no se trata de lo que deseas, sino de cuál es tu sueño y de establecer las metas para alcanzarlo.

Recuerda: **Las metas son pequeños pasos para alcanzar tu sueño, el único camino.**

Segundo paso: Establecer metas

Metas numéricas

Cuando le preguntamos a la gente qué metas tiene, algunos responden: «tener más paz, tener más amor, felicidad en la familia», en definitiva, cosas abstractas que uno no puede saber si las alcanza o no.

¿Cuándo sabremos si tenemos más paz interior? ¿Cuándo sentiremos más alegría?

Eso no se puede medir. Por eso, lo que necesitamos es ponernos metas concretas y cuantificables, que puedan ser medibles: «quiero ganar esta suma de dinero mensual»; «me gustaría que entren en mi negocio cuarenta clientes nuevos».

La mayoría de los latinos solemos tener una mente abstracta. Entonces decimos: «yo no quiero metas numéricas, yo lo único que quiero es paz, pan y trabajo». Pero eso no es suficiente, porque tienes que establecer **cuántos** panes quieres, **cuánto** dinero quieres ganar, y eso se hace con **números**.

> Una meta concreta nos permite saber cuándo la alcanzamos.

Por otro lado, a los latinos nos molestan los números, nos dan sensación de frialdad. Pero el número es un termómetro que nos indica cuándo alcanzamos el objetivo.

En cambio, los norteamericanos tienen mente numérica. Por eso, algunos dicen: «¡Qué frialdad, lo único que les interesa son los números!», pero las metas deben ser numéricas, de lo contrario nunca sabrás cuándo las has alcanzado.

Por ejemplo, si vas a la principal empresa de gaseosas y preguntas: «¿Qué metas tienen ustedes?», no te van a decir: «Queremos darle nuestra bebida a todo el mundo.» Te van a decir: «Queremos ganar veinte millones de dólares este año, treinta millones el próximo y así sucesivamente.» Si les preguntas: «¿Cuántos empleados tienen en su empresa?», no te dicen: «Muchos.» Te dicen: «Tenemos cinco mil empleados.»

Por otra parte, cuando no alcanzas una meta, no significa que la meta sea mala, sino que te equivocaste en el número que le pusiste. Si dices: «Quiero tener diez empleados a mi cargo» y no lo alcanzaste, no te equivocaste en la meta sino en el número de la misma. Entonces, no era diez el número, sino tres. Si te equivocas en la meta, la meta no es el error, sino el número de la meta.

¿Cómo se hicieron las pirámides? Piedra a piedra. ¿Cómo hizo Noé el arca? Tablón a tablón. Entonces, ¿qué tienes que establecer? **Metas numéricas pequeñas**.

Si tienes un empleado, no digas «quiero tener treinta», di «quiero tener uno más». Si te cuesta leer, empieza con un libro pequeño, no quieras leer la biblioteca entera. Comienza con metas pequeñas porque **las pequeñas metas te llevarán a tu gran sueño**...

Cuando cumples con esa meta pequeña, tienes que ponerte otra meta un poquito más grande. Tal vez digas «pero eso ya lo sabía». ¡No, no lo sabías!, porque de lo contrario ya hubieses alcanzado tu sueño.

Hay personas que se ponen

> Es importante que establezcas metas porque las mismas le dan sentido de dirección a tu vida.

metas numéricas equivocadas y se frustran. Pero cuando se han fijado las correctas y alcanzan la primera, inmediatamente van a por la próxima, se sienten bien y van a por otra más, y así sucesivamente.

Por eso hay personas que consiguen más logros que otras. Y no porque sean mejores, sino porque, sencillamente, se fijaron metas específicas, pequeñas, y al ir lográndolas fueron avanzando a las siguientes.

Metas con tiempo establecido

Necesitas establecer un tiempo prudencial para el logro de tu meta. Por ejemplo, si el objetivo es ganar 10.000 dólares al mes, ¿en cuánto tiempo quieres alcanzarlo? Por ello es que necesitas representar gráficamente cuáles son las metas que te propones alcanzar a corto plazo y cuáles a largo plazo.

Clases de metas

Debemos ponernos metas a largo plazo (de aquí a cinco años), a medio plazo (de aquí a dos años) y a corto plazo, mensuales. Deben ser metas concretas y con un tiempo predeterminado para su consecución.

Otra característica que han de tener las metas es «ser desafiantes pero realistas».

Por ejemplo, tu meta es tener un negocio con doscientos empleados. Muy bien, ¿cuántos empleados tienes hoy? «Dos.» Y ¿en cuánto tiempo te gustaría lograrla? «En unos dos meses...» Sencillamente, esto es imposible.

Si las metas son demasiado grandes, nos frustramos. Pero si son demasiado pequeñas, no resultan desafiantes. Entonces sentimos que lo que hemos establecido no es tan importante como para esforzarnos en alcanzarlo. La meta debe ser flexible para saber que en el transcurso del camino hacia su consecución la meta puede cambiar. Necesitas adaptarlas o cambiarlas según el momento y las circunstancias que esté pasando tu sueño.

Una meta debe ser desafiante pero realista.

Establecer metas no es malo. Lo difícil es el lugar que les damos si no somos capaces de flexibilizarlas. Las metas surgen para lograr un propósito y deben favorecer el desarrollo de nuestra creatividad, innovación y pasión. La meta es mucho más que un indicativo de lo que estamos esperando conquistar. Debe ser mucho más que una evaluación. Recuerda que la meta solo es un medio para conquistar tu sueño, **un objetivo que tienes que alcanzar.**

Cierra los ojos y piensa en una desilusión que hayas tenido: económica, familiar, afectiva, emocional. Algo que querías alcanzar y no lo lograste, algo que se truncó prematuramente. Recuerda qué sentiste ante esa situación... Seguramente *frustración*.

Todos alguna vez tuvimos una frustración por no alcanzar una meta, un sueño. La naturaleza humana nos hace querer alcanzar sueños. Y cuando la meta es comprar una casa, un coche, tener un hijo, un cargo, formar una familia, y no lo logramos, entonces nos frustramos.

Y cuando una persona se frustra, inmediatamente tiene dos reacciones.

Primero se enoja y el enojo la hace gritar, golpear, insultar o aun matar. Y luego pasa de la rabia a la melancolía, que es todo lo opuesto, donde seguramente comienza un proceso de resignación, y su vida se sumirá en un período de aislamiento, de introversión y tristeza profunda. Y todo esto sucede porque los individuos no tienen tolerancia frente a

> No todo lo que queremos es lo que en realidad necesitamos, y no todo lo que necesitamos lo alcanzamos en el momento que queremos.

la frustración. Pero tengo que decirte que *la frustración es parte de la vida*.

Por ende, lo que se requiere es cambiar lo que venimos haciendo y no nos funciona. Solo necesitas un nuevo plan, no perder de vista el objetivo a alcanzar y descubrir la estrategia para llegar a ese sueño. Recuerda que no importa lo complejo que sea el sueño de tu corazón, siempre habrá un plan que no va a fallar.

Metas detalladas

Los detalles conforman una meta planificada, con las herramientas adecuadas, tal vez pequeñas pero importantes. Debemos pensar en los detalles, vernos ahí, en la meta. Y cuando tenga la meta clara, podré definirla en términos de conducta y acción.

Estar enfocado es hacer primero lo primero, lo que se debe lograr. El foco tiene que estar en la meta, en lo importante, porque cuando primero haces lo segundo, te desenfocas.

Toda la gente exitosa, antes de serlo, sabía adónde quería llegar.

Toda la gente que triunfó tenía una meta clara y se focalizó en ella.

Porque tener éxito es alcanzar las metas.

Tercer paso: Identificar los beneficios de establecerte metas

El principal beneficio es que *te harán menospreciar lo que no sirve.*

a. La palabra menospreciar quiere decir «dar menos precio a algo»

Lo que quiero explicar es que cuando alguien se acerca a tu vida para decirte algo, debes preguntarte: ¿esta palabra me ayuda a cumplir mi meta? Si la respuesta es no, entonces le debes dar *menos precio*, porque esa palabra no te servirá para nada.

Cuando alguien te trata mal y te dice: «no sirves», «no tienes capacidad», «no vas a llegar a nada», «siempre el mismo», «eres un inútil», pregúntate: ¿estas palabras me son útiles para cumplir mi sueño? Si la respuesta es no, entonces debes darle «menos precio».

> **A las mentiras tienes que darles menosprecio, porque no te sirven para el cumplimiento de tus metas. Ríete de ellas.**

b. Toda persona que no te quiere intentará lastimarte

Nunca valores nada de lo que te digan las personas que te odian. El que no se alegra con tu meta, el que no acompaña tu avance, que diga lo que quiera; no vale la pena ni que lo escuches, ni que te detengas a pensar lo que quiso decirte, ni que le tengas odio. Nunca te ates a personas que no se sienten felices con tu éxito.

Si quieres alcanzar tu sueño, no hagas caso a la opinión de la gente y actúa con libertad. Por eso, nunca permitas que venga nadie a acusarte de algo que no salió como esperabas o de algo que no hiciste. Debes aprender a hablar bien de ti mismo, porque si te fue mal al principio, ahora con nuevas metas y nuevos proyectos te va a ir bien y te vas a levantar.

c. Tu sueño será un filtro

Habrá gente que se acercará a tu vida y gente que se alejará. El sueño alejará de tu vida a la gente incorrecta y acercará a la gente correcta, a las personas que añadan valor a tu vida.

Tu sueño recicla la gente que te rodea, los que estaban y ya no te apoyan se irán porque ahora lo que necesitas son personas que traigan conexiones e ideas de oro a tu vida. Necesitas asociarte con gente que también quiera construir su sueño, con aquellos que dicen «vamos a avanzar, vamos a prosperar», con aquellos que piensan en cómo superarse día a día e invierten su tiempo en crecer.

d. Nunca idealices a nadie

Te sientes lastimado porque idealizaste a alguien, sin darte cuenta de que esa persona es como tú: con cosas buenas y con cosas malas.

No esperes nada de nadie: cuando trabajas para la gente y esperas algo de ella (que te llamen, que te feliciten, que te reconozcan, que te acompañen) y te fallan, vas a querer irte a otro lugar, incluso abandonar las metas que te has propuesto. Es por eso que no debes esperar nada de nadie. Necesitamos ser libres de la gente para poder ser personas sanas. En suma, debes soltar el dolor para llegar a ver cumplidos tu meta y tu sueño.

En una ocasión una serpiente hipnotizó a un pájaro, y entonces el pájaro se quedó quieto y la serpiente se lo comió. Hay personas «serpientes» y personas «pájaros».

Toda persona que te quite la libertad, que te hipnotice y te diga lo que tienes que comer, cómo vestirte, qué puedes hacer y qué no puedes hacer, es una persona «serpiente».

El pájaro estaba solo a unos centímetros de salvarse de la hipnosis de la serpiente. Pero hay gente que queda atrapada en personas «serpiente»: todo lo que te quite libertad, todo lo que te imponga ritos, cargas religiosas, todo lo que controle tu vida no proviene de gente libre sino de gente «serpiente».

¿Sabes por qué hay tanta gente que se siente fracasada en sus sueños? Porque no sanaron sus emociones, se mantuvieron cautivas del dolor, atadas a las personas que las lastimaban, y ahora viven, piensan y sienten llorando. Esto significa que puedes vivir toda la vida dolido, pero tienes que aspirar a ser libre en tu corazón, porque cuando logres caminar sano liberarás todas tus fuerzas para conquistar tu sueño.

En cambio, cuando alguien te da una palabra de ánimo, cuando alguien te alienta, te acompaña, y eso te sirve para alcanzar tu próxima meta, tienes que valorarlo. *La gente que te desafía es la que te estimula para alcanzar tu sueño.*

> Nunca vas a ver frutos si primero no hay perdón y los sentimientos en tu vida son sanos.

En una ocasión, un hombre se acercó a otro y le dijo:

—Tengo un plan, un negocio para que hagamos juntos, un sueño.

Y el otro le contestó:

—Ah. ¿Y cuánto me va a costar?

—Poco dinero.

—¿Y cuánto tiempo tendré que dedicarle?

—Descuide, muy poco tiempo, porque esto no es difícil.

—Ajá. ¿Y cuánto esfuerzo habré de hacer? Soy un hombre muy ocupado.

—Tranquilo. Usted va a alcanzar este sueño con poco esfuerzo, poco tiempo y poco dinero.

Entonces el hombre dijo:

—Si me cuesta poco esfuerzo, poco dinero y poco tiempo, no me interesa. Porque si requiere tan poco de todo, también los resultados serán pocos, y lo que yo quiero es un sueño que exija el cien por cien de dinero, el cien por cien de tiempo y el cien por cien de esfuerzo, para así obtener un resultado del cien por cien.

Un sueño implica absoluta dedicación y determinación. El sueño te afirma y te saca del ocio; la meta te diferencia del montón.

Piensa en ti mismo no como un pájaro o una serpiente, sino como un águila: un conquistador.

4. EL SUEÑO TE CONVERTIRÁ EN LÍDER

¿Qué es ser líder?

Característica 1: Líder es el que se propone metas pequeñas y enseña a otros a ponerse metas

Existen personas que sencillamente hacen las cosas y personas que saben por qué han de hacerse. Y los primeros siempre terminan trabajando para los segundos. Por eso, si toda tu vida haces cosas, serás esclavo de la persona que sabe por qué se hacen.

Característica 2: Un líder nunca dice que no puede

Nunca digas «no puedo hacerlo», porque mientras tú lo estás diciendo hay una persona que sí lo está haciendo. Y si ella puede, tú también puedes.

No te muevas por lo que piensas y sientes. Necesitas ser leal a la verdad y no a tus sentimientos. No permitas que tus pensamientos te arrastren y bloqueen tu determinación de ser una persona triunfadora.

> **Un conquistador es una persona que ha alcanzado un sueño con toda dedicación y toda determinación.**

Característica 3: Un líder camina con energía y se desempeña con autoestima alta

Hay personas que de acuerdo a cómo se levantan, planean conquistar grandes cosas y después, durante el diario caminar, cambian de idea y se «achican».

Si tienes metas y las vas alcanzando, te irás sintiendo mejor, más motivado, y con la autoestima elevada. Además, tener metas hace que todo tu potencial salga para poder ver el sueño concretado.

Por eso, la meta más grande es cambiarse a sí mismo, cambiar la manera de pensar. En su libro *El subdesarrollo está en la mente*, Harrison analiza por qué Australia, que tiene los mismos recursos que Argentina, es un país del primer mundo y Argentina no. Y su conclusión es que *«la cultura o determinado nivel de pensamiento es lo que hace que un pueblo prospere o viva pobre»*.

Durante años en Argentina se habló de la «teoría de la dependencia»: estamos mal porque los norteamericanos nos oprimen, porque el FMI nos quita todo el dinero, porque sube el petróleo, porque las multinacionales...

Y este autor determina que la verdadera riqueza o pobreza de los pueblos está en su manera de pensar.

Lo que sucede es que, para la mayoría de la gente, los

> Hay un profesional, hay un maestro, hay un arquitecto, hay un artista dentro de ti. El problema es que no lo sabes.

problemas son una tragedia. Y esto es falso. Los problemas son como un escalón para subir a un nuevo nivel, nuevas oportunidades para llegar a nuestras metas. Es por eso que debemos cambiar esta estructura de pensamiento, heredada de generación en generación, y pensar que estamos hechos para resolver cualquier problema.

Lo único que tiene que hacer el dolor o la dificultad es sacarte de la zona de confort y recordarte que hay un sueño que estás por alcanzar. La dificultad no puede ser tu traba, tiene que ser un trampolín donde te pares y vuelvas a diseñar los pasos a seguir, el lugar a partir del cual vas a construir lo que nunca hiciste antes.

Nuestra mente debe ser de solución y resolución, de destino y conquista. Pero para tener una mente así, debemos considerar que **la mente del esclavo se aferra al problema, habla, piensa y llora el problema. En cambio, la mente del conquistador dice: «Veo una solución, y digo solución porque estoy decidido a resolver este problema.»**

5. DEFINICIÓN DE LA VISIÓN Y LA ACCIÓN EN EL SUEÑO

Para construir tu sueño lo primero que debes hacer es visualizarlo en tu espíritu. Cuando veas tu sueño cumplido en tu corazón, es más seguro que lo vayas a ver cumplido en la realidad. Entonces, si queremos lograr nuestras metas, necesitamos aprender a activar un principio poderoso: el principio de la visualización, de la visión.

¿Has escuchado alguna vez lo que dice una persona que no tuvo oportunidades de estudiar cuando era pequeño, pero que ahora sí puede? «¿Para qué lo voy hacer ahora, si ya estoy viejo? ¡Ya es imposible! ¡Cómo voy a ir yo a la facultad con toda esta gente joven!»

> Lo único que te hará llegar al sueño cumplido no es un convencimiento mental sino una visión. Porque lo que hace la visión es activar tu imaginación debido a que la visión es distinta de la manera de pensar.

Por todo esto, es necesario que te veas en la visión, con el sueño cumplido, ya que la visión desafía tu paradigma, tu estructura mental, tu forma de pensamiento, así como también te habla y te muestra que tu forma de pensamiento no sirve más.

La visión trae expansión

La visión te saca de hacer siempre lo mismo y de la misma manera. Por eso, para alcanzar tu sueño, debes decidir a quién te vas a parecer. Según el valor que te concedas, así será la medida del sueño que alcances.

Debes juntarte con visionarios ya que, cuando estás con ellos, tu vida gira 180 grados. Entonces, tu herencia serán cambios y cambios y más cambios. Si los demás no te aceptan o no ven lo que tú ves, no importa, tú sigue. No es un problema de comunicación, sino de visión, porque la visión es la que permite que tus paradigmas sean quebrados.

Para clarificarlo un poco más voy a definir la palabra **paradigma**:

Es una manera de pensar; es una manera de ver el mundo; es una estructura mental de pensamientos; una filosofía de vida; es decir, una manera particular de ver las cosas, una forma de pensar.

Por eso, cuando alguien se acerca para hacerte cambiar esa manera de actuar, esa manera con la que venías haciendo las cosas, el paradigma aparece rígido y se resiste a los cambios. En consecuencia, los paradigmas siempre limitarán el cumplimiento de tus sueños.

¡Anímate a desafiar los preconceptos, los «no se puede», los «ya lo intenté y me fue mal»! Hay un proverbio latino que reza: «*El sentido común es el menos común de los sentidos.*»

Necesitas verte prosperar, con el trabajo que deseas, en la casa que quieres, con la familia que necesitas.

> La visión es mucho más grande que el lugar donde hoy estás. Cuando la visión te posea, se hará realidad.

La visión tiene que poseerte, tiene que ser tu vida. Solo se cumple cuando la abrazas. Esta es la razón fundamental por la cual has de aprender a visualizar tu sueño con frecuencia, una y otra vez. Tienes que verlo. Si tu sueño es tu casa, tu coche, tener un hijo, un cargo, un proyecto, no importa lo que sea, debes reproducir la imagen en tu espíritu como si fuese una diapositiva, porque la frecuencia de la visión va a afirmar ese sueño que está en tu corazón.

La visión debe ser frecuente, clara e intensa. Si repites lo bueno, lo bueno cobra fuerza, y cuanto más claro veas tu sueño, más seguro estarás de alcanzarlo.

No alcanzarás tus sueños si no experimentas un deseo intenso de verlos cumplidos. Cada vez que veas el sueño, tienes que sentir la sangre corriendo por tu cuerpo, sentir que estás vivo y que lo anhelas intensamente, porque si no lo deseas de esta forma, significa que ese sueño no es tan importante. La gente que ha fracasado es porque no tenía claro su sueño. **Si puedes visualizarlo, puedes lograrlo.**

John Maxwell dijo: «Hay tres cosas que se pueden dejar a la gente: Un *souvenir* (un recuerdo de una reunión), un trofeo (lo que se gana en una competición) y un legado (una herencia que influye en todas las generaciones).»

> El sueño y la visión te hacen grande; entonces dejarás a tu descendencia un legado.

Recuerda: no estás hecho para dejarles un *souvenir* o un trofeo a tus hijos. Estás hecho para dejarles un legado, algo que marque las generaciones venideras.

6. TÉCNICAS SENCILLAS PARA TENER METAS CLARAS Y ESPECÍFICAS

1.ª Técnica: Tomarse quince minutos

Dedicar quince minutos por día a evaluar en qué etapa estás del logro de tu sueño, visualizarlo, etcétera. Separar un tiempo y adquirir el hábito de dedicar quince minutos en lo que quieres lograr.

2.ª Técnica: Ponerse mini-metas

Dividir el sueño en pequeñas fracciones. Si el sueño está lejos, llegarás mejor fraccionando el camino para alcanzarlo. Esta técnica te brindará la satisfacción de los pequeños logros.

3.ª Técnica: Comenzar con el fin en la mente

Levantarse y ver el sueño. Cada vez que hagas algo por el sueño, debes verlo completo. Si no organizas tu mundo interior, no alcanzarás tus metas. Por otro lado, si quieres alcanzar tus sueños, desarrolla tu gozo, tu pasión y tu fortaleza; entonces, seguramente verás cumplidos a cada uno de ellos.

RESUMEN

- Plantearte metas te permite saber dónde estás y cómo dar el próximo paso.
- Para ello has de tener una **meta numérica**, una meta real, ¡y poner toda la energía en alcanzarla!

> Mira a un hombre con grandes sueños y verás a alguien que puede cambiar la historia... Mira a un hombre sin sueños, y verás a un simple ser humano...

Necesitas evaluar tu avance diariamente. No hay que ser la clase de personas que dicen: «Tengo un sueño y estoy esperando un milagro, un golpe de suerte que me lo dé.» El sueño no acepta limitaciones ni entiende de ellas. Además, tu único límite está en tu mente.

Cuando tú y tu sueño sean lo mismo, una sola persona, te esforzarás por verlo cumplido y nada impedirá que lo conquistes. ¡No pierdas tu sueño! No dejes que nadie te lo robe.

¿Sabes quién es el ladrón más grande de la historia?

El cementerio, porque ha robado los sueños de la gente, de personas que no pudieron cumplir los suyos. Los libros que no se escribieron, los negocios que no se hicieron, las palabras que no se dijeron, todo ello fue a parar al cementerio.

Por eso, cada día tienes que revisar adónde has llegado, cuál va a ser tu próximo paso, observar en qué avanzaste y en qué te equivocaste, y si no sabes, tienes que preguntar.

Hoy quizás estés avanzando lentamente, pero mañana verás tu sueño cumplido.

Necesitamos identificar nuestras metas, proyectos, objetivos y sueños a alcanzar, porque seguramente en algún momento del recorrido hacia nuestros sueños, pueda surgir este interrogante: ¿para qué estoy haciendo todo esto?

De ahí la importancia de conocer nuestras metas y tenerlas detalladas, para poder guiar nuestra actividad hacia su consecución.

Todos podemos plantearnos metas, no importa la edad que tengamos, lo esencial es saber cuáles son y hacia dónde vamos. Y eso solamente dependerá de ti. Piensa en metas, identifícalas, dibújalas, sé ambicioso y moviliza tu pensamiento hacia ellas.

Si eres uno más del rebaño te unirás a la corriente, pero si eres un soñador te convertirás en el primer y único protagonista de tu sueño.

Desafía todas las suposiciones y todas las normas escritas y no escritas. Tu sueño lo vale.

Además, tu sueño te llenará de vigor, de visión y de rumbo. Las metas son un eslabón que te llevan a él. El sueño te posiciona en tu futuro y le da valor a tu presente. El sueño te hace escalar esa cima que debes conquistar. El sueño te superará y te confrontará. El sueño no conoce de límites ni de fronteras. Todos podemos tener sueños, pero no todos se animan a alcanzarlos. El sueño te movilizará y te definirá.

¿Cuál es el tuyo?

2

QUEBRAR TUS PROPIOS LÍMITES

> No es porque las cosas sean difíciles que no nos atrevemos. Es porque no nos atrevemos que las cosas son difíciles.
>
> SÉNECA

La mente es un lugar de gran almacenaje y es allí donde deben comenzar los cambios, donde hay que desterrar y arrancar todos aquellos conceptos que lastiman tu vida y te hacen sufrir y permanecer herido.

Te enseñaron a pensar en pequeño, a planificar solo a corto plazo, para salir del momento y nada más. Pero es tiempo de que te levantes y dejes la mediocridad, las inseguridades, los miedos, las culpas, y comiences a actuar y vivir con excelencia.

Todo comienza en tu cabeza.

Tu potencial y tus capacidades no vienen del hemisferio

cerebral derecho, de los pensamientos positivos, de la psico-danza, de la *New Age*, de la psicología positiva ni del mantra. Tu potencial está contigo desde el mismo momento que te independizaste de tu mamá y comenzaste a respirar por tu propia cuenta. Y ese mismo potencial fluye desde tu mente.

Tu cerebro asombra a los científicos del mundo. Millones de células llamadas neuronas, cada una con prolongaciones como tentáculos que salen de su núcleo central, a su vez cubiertas por millones de protuberancias que las vinculan entre sí. Se ha calculado que existen diez mil millones de neuronas; y se ha demostrado que a mayor cantidad de estímulos, más protuberancias se unirán a otras, aumentando las interconexiones cerebrales. Imagínate lo que puede suceder si las activas todas...

Seguramente te sentirías feliz cumpliendo tu propósito.

> No fuiste creado para cumplirle el propósito o el sueño a otra persona; fuiste creado para realizar y disfrutar de tu propio propósito, de tu propio sueño.

Si estás apasionado y motivado, nada de lo que te propongas será imposible. Lograrás cosas que antes pensabas que no eran para ti, que no te pertenecían, porque solo cuando seas libre podrás descubrir que el único límite y el único obstáculo para llegar a tu sueño están en tu mente.

1. DIFERENTES TIPOS DE CEREBROS Y DE INTELIGENCIAS

Se descubrió que la inteligencia está en todo el cuerpo humano y que cada experiencia que vivimos se desarrolla predominantemente en un área de nuestro organismo, las cuales funcionan como «cerebros».

Erróneamente se dice que los seres humanos usamos el 10 por ciento de nuestro cerebro. Solo aprovechamos la diezmilésima parte. Y lo mismo sucede en el plano espiritual.

Un cerebro está en la cabeza, otro está en las entrañas o intestinos, otro en el corazón, y hay un cuarto cerebro, que es el que se encuentra en nuestro espíritu.

Por eso, cada vez que percibimos algo, lo hacemos con los diferentes cerebros y reaccionamos en base a ello. Las funciones que cumple cada uno de ellos son las siguientes:

Cerebro de las entrañas

La frase más común para identificarlo es: «siento un nudo en el estómago».

Este cerebro se pone en funcionamiento cuando pasas por una experiencia traumática y la somatizas en el estómago.

Este malestar que sientes no es por haber comido, sino que se trata de lo que esa experiencia ha provocado en tu cuerpo. Este cerebro es independiente del cerebro de la cabeza, pero está conectado con él.

Cerebro de la cabeza

Es el que más se utiliza. Habitualmente es conocido como el cerebro racional.

Cerebro del corazón

Es el que nos estimula y nos ayuda a responder ante la vida. Nos hace sentir las metas y nos impulsa a sobresalir.

> Las personas que tienen baja estima, no usan el cerebro del corazón porque justamente es el que nos permite sobresalir y ponernos metas.

Busca nuevas oportunidades para aprender a crecer y elabora una interpretación de lo que los demás sienten, funcionando como un radar que detecta oportunidades.

Por eso, cuando tenemos que tomar una decisión importante en la vida, debemos preguntar qué piensa cada uno de estos tres cerebros.

Y, como queda dicho, hay un cuarto cerebro, una cuarta inteligencia que no todos los seres humanos usan y es solo para algunos privilegiados...

Cerebro o inteligencia espiritual

Es una inteligencia superior que permite resolver algunos asuntos que no pueden solucionar los otros tres cerebros. Hay muchas personas que no han activado esta inteligencia y, sin embargo, es de aquí, de este lugar, de donde surgirán los límites y las barreras con que uno deberá enfrentarse para alcanzar sus sueños.

La inteligencia emocional

Es la responsable en la mayoría de las personas de sus éxitos y fracasos en la vida.

Esta inteligencia no tiene nada que ver con el coeficiente intelectual con que nacemos, más bien se relaciona con las características de la personalidad o simplemente el carácter del individuo. Algunos estudios han descubierto que las capacidades sociales y emocionales pueden ser más fundamentales para el éxito en la vida que la capacidad intelectual.

El concepto inteligencia emocional fue utilizado por primera vez por los psicólogos Peter Salovey y John Mayer de la Universidad de Harvard (1990), y definida como: «La habilidad para percibir, evaluar, comprender y expresar emociones, y la habilidad para regular las emociones que promueven el crecimiento intelectual y emocional.» Se empleó este concepto para describir las cualidades emocionales que influyen directamente en el logro del éxito, a saber:

> **En pocas palabras, desarrollar una inteligencia emocional clara en la vida puede ser más importante para tener éxito que poseer un CI elevado según una prueba estandarizada de inteligencia.**

- La empatía
- La expresión y compresión de los sentimientos
- El control de nuestro genio
- La independencia
- La capacidad de adaptación
- La simpatía
- La capacidad de resolver los problemas de forma interpersonal
- La persistencia
- La cordialidad
- La amabilidad
- El respeto

Hoy, en los tiempos en que vivimos, **la inteligencia emocional** de cada persona es sumamente importante y tenida en cuenta, ya que la misma va a determinar cómo nos desenvolvemos con nosotros mismos y el tipo de vínculo que establecemos con los demás.

Según Enrique de Mulder, presidente de Hay Group, la capacidad de una persona de aportar valor a un proyecto, no se consigue solamente con un alto nivel de coeficiente intelectual, sino que también se necesita desarrollar un coeficiente emocional con cualidades como constancia, flexibilidad, optimismo, perseverancia, etcétera, características indispensables para lograr tu sueño.

Esta inteligencia determina la capacidad de conocerse a sí mismo, por eso es necesario que puedas descubrirte y conozcas tus habilidades, necesarias para superarte y lograr los resultados que persigas.

También se han descubierto otras inteligencias. Por ejemplo, hay gente que tiene inteligencia musical: basta con que les tararees una canción y ellos ya saben los compases, los ritmos, los tonos, etcétera. Y hay gente que tiene inteligencia física y sabe bailar muy bien, mientras que otros no pueden hacerlo aunque lo practiquen muchas horas, y así sucesivamente.

Asimismo, hay una inteligencia que se llama **intrapersonal** y es la capacidad de llevarse bien con uno mismo.

Esta inteligencia, al igual que la anterior, también se acompaña de otras capacidades que determinarán el modo en que nos relacionamos con los demás.

Empatía

Es la habilidad para entender las necesidades, sentimientos y problemas de los demás. Es la capacidad que tiene una persona para ponerse en el lugar del otro, respondiendo correctamente a sus reacciones emocionales. Las personas empáticas son capaces de escuchar a los demás y entender sus problemas y motivaciones. Normalmente tienen mucha popularidad y reconocimiento social, ya que se anticipan a las necesidades de los demás y saben aprovechar las oportunidades que les ofrecen otras personas.

Habilidades sociales

Es el talento en el manejo de las relaciones con los demás, en saber persuadir e influenciar al otro. Quienes poseen habilidades sociales son excelentes negociadores, tienen una gran capacidad para liderar grupos y dirigir cambios, son capaces de trabajar colaborando en un equipo y creando sinergias grupales.

2. FACTORES QUE LIMITAN NUESTROS SUEÑOS

A veces, en nuestro carácter no desarrollamos todos estos elementos indispensables para alcanzar más inteligentemente y sin tantos quebraderos de cabeza nuestros sueños, pero, en cambio, desarrollamos hábitos o actitudes que nos limitan la capacidad de poner a trabajar en un cien por cien nuestra inteligencia. Los llamaremos **factores limitantes**, y son los siguientes:

La queja

Hay personas que se quejan todo el tiempo, haciendo de esta actitud uno de los principales obstáculos en el camino hacia la meta.

Si eres sabio, todos los días te preguntarás: ¿qué es lo que

El 80 por ciento de las limitaciones que el ser humano siente, están dentro de él, principalmente en su mente.

está frenando la consecución de mi meta? De esta forma pondrás en acción la inteligencia que tienes, pero que todavía no usaste para lograr tu objetivo...

La pasividad

La padece la gente llena de miedos. El miedo paraliza y no deja avanzar.

Hay individuos que dicen: «No voy a poder estudiar, no puedo ahorrar, no puedo progresar.» Desde luego, no son las frases más adecuadas. Estas frases solo están determinando tus límites.

Y el problema es que no estamos acostumbrados a dirigirnos miradas interiores, sino que siempre tenemos los ojos puestos en el exterior.

Uno puede encontrar en un segundo los fallos de los demás y tomarse toda la vida para encontrar los de uno mismo. Debemos tener en cuenta que **mi manera de ser me alejará de la gente o me acercará a ella.**

Con tu manera de ser puedes abrir o cerrar las puertas de tu vida. **El problema no está en el afuera, sino en el adentro.**

La desconfianza

Una persona desconfiada piensa que todo se lo hacen a propósito, que todo lo hacen en su contra. Y a la desconfianza no hay que superarla, sino quebrarla. De otro modo te limitará permanentemente en el camino para alcanzar tus sueños.

Quizás en algún momento de tu vida sufriste un trauma, confiaste en alguien, pero te traicionó, quedaste herido, y ahora sientes que todos van a actuar de la misma manera. O tal vez no fuiste amado, protegido y defendido por tus seres queridos, lo que determina que veas tu presente y tu futuro con vulnerabilidad.

> **Si alguien hizo lo que tú anhelas alcanzar, tú también podrás lograrlo.**

Pero ante un hecho de esta índole debes saber que en tu interior posees la capacidad para romper con tu pasado y volver a levantarte.

No dejes que tus pensamientos te arrastren. Necesitas aprender a parar tu mente y decirle ¡basta!, porque la persona negativa incluso vive lo bueno como malo.

Por ejemplo, mira este diálogo entre dos amigos que se encuentran:

—Me dijeron que te salió ese juicio que tenías atascado hace años y que el juez te otorgó todo lo que pedías. ¿Estás satisfecho?

—Sí, bueno... pero ahora no sé qué hacer con el dinero. Porque si compro dólares y bajan... Y si lo deposito en el banco y hay un nuevo *corralito*, ¿qué hago? Y si lo meto bajo el colchón y alguien se entera, después vienen y te roban toda la casa... Es un problema...

Por todo esto, hasta el último día de tu vida, tu pregunta ha de ser: **¿qué es lo que frena en mí la conquista de mi sueño?** ¿Serán mis dudas, mis miedos, mi pasividad, o que no sé escuchar, que hablo sin parar, que trato mal a la gente? ¿Qué será...? Necesitas identificarlo y desecharlo.

La duda

Dudar es natural, pero tienes que desprenderte de ese hábito y aprender a avanzar a pesar del temor que puedas tener.

La *duda* nos impide actuar, avanzar y conquistar lo que necesitamos. Es una valla mental que no te permite coger lo que te pertenece.

No dudes más. Ese deseo que explota en tu corazón, realízalo ya, no te cuestiones tanto, actúa. Solo lo que poseas en tu mente, espíritu y corazón es lo que verás hecho realidad.

La *duda* impide que te centres, te aleja del objetivo y siempre logra que abandones tu sueño. La *duda* es el elemento responsable del fracaso y los sueños frustrados.

La competencia

Nunca compitas con nadie. Solo contigo mismo.

- No necesitas ganar el sueldo que gana otro, sino más de lo que ganas ahora.
- No necesitas tener el cuerpo de la modelo de turno, sino bajar tu exceso de peso.
- No te compares con nadie ni permitas que te comparen. No compitas. Supérate a ti mismo. Te tienes a ti mismo para lograrlo.

La parálisis

No sirven las ideas sin acción. El cien por cien de tu potencial se ve cuando actúas.

¿Cómo se manifiesta la duda en tu vida? Cuando comienzas a esconder esos deseos, esas ganas que tenías cuando te atrevías a soñar, a idear ese proyecto que siempre anhelaste, pero que luego colocaste «debajo de la alfombra».

Solo cuando descubras y superes lo que te limita, ese proyecto y ese sueño volverán a nacer esperando ser concretados.

3. ¿CÓMO VENCER LA INSEGURIDAD INTERIOR?

La gente insegura siempre sufre, y lo que determina esta inseguridad es lo siguiente:

Personas con mucha imaginación

Hay personas a las que les sale un lunar y ya piensan que tienen un tumor mortal; y otras oyen un ruido fuerte y no dicen: «¿qué ha pasado, qué es ese ruido?», sino «¡una bomba!», y así, con su imaginación, van más allá de lo que realmente sucede.

Y cuando la imaginación, que es una capacidad muy poderosa, se usa para pensar lo malo, la persona se vuelve insegura.

Individuos criados en familias «inseguras»

La inseguridad se contagia. Cuando estás cerca de personas inseguras te contagias de ellas, porque sienten todo lo que viven como un peligro.

Personas heridas

Cuando una persona es decepcionada en el área de los afectos, automáticamente se activa la inseguridad en todo su comportamiento.

Piensa en esa persona en la cual confiabas, o en ese socio que se fue con tu dinero, se escapó con todo y además te dejó una deuda... ¿Cómo te sentiste ante esa situación? Algo que jamás hubieras imaginado que pasaría.

> Renuncia a toda inseguridad, porque ella se encargará de bloquear todo lo bueno que tienes, te convertirá en una persona cerrada y de pobres relaciones interpersonales.

Pero ahora eso ya pasó, y al pagar esa deuda aprendiste que no tienes que prestarle dinero a nadie, o si lo haces, siempre con papeles por medio. Necesitas recuperarte del fraude, «de los errores se aprende», si no, nunca podrás cumplir las metas que te propusiste.

La **inseguridad** te hace agresivo, tratas mal a los que te quieren y bien al que no te quiere.

La **inseguridad** no te permite aprender, y al mismo tiempo te convierte en una persona soberbia. Y el arrogante es como el mal aliento: todos se dan cuenta, menos el que lo tiene. Y cuando eres soberbio no te dejas enseñar.

Por eso, cuando caminas seguro no necesitas agradar a nadie ni convencer a nadie, porque sabes quién eres y adónde vas. Debes vencer la inseguridad.

Y para que puedas lograrlo voy a nombrar algunas acciones que debes eliminar de tu vida:

Rompe tus propios límites y los que la sociedad te impuso

La sabiduría «convencional»
Es cautelosa y te quiere dejar en la zona cómoda. No quiere que corras riesgos.

Los «veteranos experimentados»
Son aquellos que vivieron experiencias en el pasado y creen que tienen la misma autoridad de entonces, que las

cosas no han cambiado y que deben seguir igual. Son las verdades antiguas.

Los «sí quiero, pero...»

«Yo quiero, pero...» Cada vez que utilizas un «pero» es que estás dudando.

Si pusiste un «pero», allí no podrás desatar tu inteligencia. El «pero» es la obstrucción que le pones a tu sueño para que no pueda emerger.

Los que se concentran en lo malo

Si tienes una idea creativa, tendrás que utilizar tu inteligencia espiritual, de otro modo te concentrarás en lo malo.

Los que dicen: «Ya se te pasará»

Esto te borra todas las ganas de experimentar lo nuevo.

«Loro viejo no aprende a hablar»

«Tengo una idea nueva, pero mejor me ciño a lo conocido, ya que antes me dio resultado. ¿Para qué voy a hacer algo nuevo? ¿Para qué me voy a arriesgar?» Esto te impide seguir creciendo, porque tu vida estará bien solo cuando crezcas.

Rechazarnos a nosotros mismos

«Hago las cosas pero no tengo confianza. Lo intento pero creo que voy a fracasar.»

Para vencer todos estos límites debemos poner en acción la confianza.

La confianza

La *gente segura* resuelve problemas.

> Necesitas tener confianza en ti mismo y en los otros.

La *gente segura* se cuida a sí misma, porque cuando eres seguro te respetas y te quieres.

La *gente segura* es proactiva. La confianza anula la duda y existen dos niveles en los cuales tienes que confiar:

a. Con uno mismo

Los valores que tienes son los que te permiten crecer interiormente. Estos valores son reales cuando los tienes estando solo en tu casa, en la intimidad, cuando nadie te ve. Esos son valores reales. Si tienes un valor pero vives de otra manera, no estás confiando en ti mismo y tarde o temprano habrá un cortocircuito en tu cabeza. Lo más importante que posees es la capacidad de confiar en ti mismo. Por eso, antes de amar a otros necesitas amarte a ti mismo.

> Estás capacitado para hacerle frente a cualquier situación por la que atravieses y alcanzar su solución.

No podremos relacionarnos bien con los demás si no somos honestos con nosotros mismos.

b. Con los demás

Si nos relacionamos con personas que posean capacidades diferentes de las nuestras, entonces se enriquecerá nuestro potencial. Si no confío en nadie, si no sé delegar, me iré encerrando en mi propio mundo y no podré utilizar todo lo que tengo para llegar a los resultados que espero.

La fe

Incrementar la fe en tiempos de presión es usar la sabiduría. En esas situaciones es cuando tu fe realmente te va a servir para salir victorioso de todas aquellas situaciones que necesitas resolver, porque:

PRESIÓN = EXPANSIÓN

Si no desarrollas metas ni objetivos en los cuales tengas que poner toda tu fe, seguramente no te estarás desarrollando.

El riesgo

La superación y el progreso continuo te harán correr riesgos que te permitirán descubrir hasta dónde quieres llegar y sacarán de tu interior todas las capacidades y todos los talentos con que estás equipado para lograrlos. Cada avance y cada meta desafiarán tu mente y tu estructura de pensamiento.

Ingermar Stenmark, el gran esquiador olímpico, dijo: *«A fin de ganar, tienes que arriesgarte a perder.»*

¿Qué harías si supieras que no puedes fallar?

Quizá tu deseo sea convertirte en un gran líder político, un artista, un destacado hombre de negocios, un académico, un atleta, una estrella. Entonces, ¿asumirás los riesgos necesarios para conquistar tu objetivo y alcanzar tu sueño?

Seguramente en el camino al logro habrá que atravesar riesgos trascendentes y riesgos intrascendentes.

Riesgos intrascendentes
Por ejemplo, te cuesta hablar en público. El día que lo intentaste, lo lograste.

Riesgos trascendentes
Por ejemplo, mudarte de país, cambiar de trabajo.

Hay momentos en tu vida en los que tendrás que dar saltos, tiempos en los cuales no podrás llegar caminando

> Quizá todavía no sepas cómo hacerlo, pero necesitas estar decidido a lograrlo.

paso a paso, tendrás que arriesgarte y desatar toda tu fe y todo tu potencial.

Y para cuando tengas que afrontarlos, te daré algunas técnicas sencillas para que puedas asumirlos y salir airoso.

1. Escucha tu propio «tambor»

Alguien dijo: «Cuando un hombre no lleva el paso con sus compañeros, quizá se debe a que lleva un tambor distinto.» Sigue el ritmo de la voz de tu corazón. No sigas a «la manada».

2. Hazte peticiones irracionales a ti mismo

Pídete cosas que escapan a la razón.

3. Desarrolla tu espíritu aventurero

Hay una capacidad y un potencial que se desata cuando descubres cosas, cuando te estimulas y actúas.

4. Niégate a los cambios graduales

Los cambios se hacen o no se hacen. No alcanza con términos medios. El cambio tiene que ser total. El término medio te hará caer en la complacencia, y entonces te sentirás infeliz y frustrado.

Rompe tus propios límites. Quita las estacas que te detienen.

No importa si en tu casa todos fueron pobres, tu simiente y tu heredad no lo serán. Pelea por las cosas que valen la pena, invierte el tiempo en lo venidero. Lucha por tu futuro y decreta y determina lo que quieres que te suceda.

La inteligencia fue diseñada para favorecernos, ¡no permitas que se llene de moho!

4. TOMAR DECISIONES SABIAS

> Si usted no se mete con el éxito,
> otra persona lo hará.
>
> R. KRIEGEL

El éxito es la recompensa a tu esfuerzo y perseverancia, a tu decisión de alcanzarlo.

Todo en la vida son decisiones. Desde que nos levantamos hasta que nos acostamos tomamos decisiones: ponemos el despertador a una hora, elegimos qué ropa usar, qué vamos a desayunar, y así sucesivamente. La vida es un conjunto de decisiones.

> Hoy estás en el lugar donde estás por las decisiones que tomaste en tu ayer, y mañana estarás en algún lugar conforme a las decisiones que tomes hoy.

Las decisiones van a ubicarte en el lugar donde quieras estar, o no, en los próximos años de tu vida.

Hay gente maravillosa que ha tomado malas decisiones, y una mala decisión puede costarte la vida o provocarte un dolor de cabeza; en cambio, una buena decisión puede traerte bendición y paz a tu vida y a la de tu familia.

Por eso:

- Nunca tomes decisiones cuando estés en crisis. Cuando uno está bajo presión no piensa objetivamente, y las decisiones que uno toma en estos momentos generalmente van a ser malas. Porque cuando estás en crisis sientes que nada tiene sentido y que todo se está derrumbando.
- Nunca tomes decisiones con pocos elementos. Tienes que reunir información para decidir. No lo hagas con

pocos elementos y no estando seguro de lo que vas a elegir.

- Nunca decidas de forma impulsiva, porque si lo haces tomarás decisiones y dirás cosas de las que después te arrepentirás.
- No busques a personas que decidan por ti.
- No decidas si estás herido, porque cuando una persona no está sana y la rabia es su motor, seguramente decidirá mal.
- Una persona no elige dónde nacer, en qué vientre, con qué padres o en qué país, pero sí puede elegir a la gente que quieres seguir. Para superar tus propios límites debes decidirte por la gente que te propone desafíos que nunca te consideraste capaz de asumir, la gente que te saca de la comodidad para enfrentarte con tus limitaciones para que puedas vencerlas y llegar a la meta.

> Haz lo que tu corazón considere correcto, serás criticado de cualquier forma. Te maldecirán si no lo haces y te maldecirán si lo haces.
>
> **Eleanor Roosevelt**

- Sé constante. Cuando una persona no renueva su mente, se vuelve inconstante. Un día quiere una cosa y a las pocas horas cambia de idea. Es gente que un día avanza y al siguiente retrocede, inconstante en su manera de pensar y de actuar. Y cuando una persona no renueva su mente, será dirigida por sus emociones, y de acuerdo a lo que sienta, así manejará su vida.
- Renuévate continuamente. Las personas renovadas poseen un deseo radical de cambio, de tener más riquezas, de ser mejores personas, de consolidar una mejor familia. Desarrollan un sentido de mejora continua, de aprendizaje, de crecimiento, de búsqueda y superación.

La gente renovada dice: «Voy a por más», «Voy a avanzar», «Voy a por un poco más», «Quiero dejar atrás mis límites».

Lo que más ama esta clase de personas es avanzar, progresar y conquistar; y lo que las identifica y diferencia de las demás es su capacidad de ir siempre a por más y no detenerse hasta ver sus propósitos cumplidos.

Son las personas que dicen: «No estoy bien donde estoy, quiero más, quiero crecer, quiero superarme. Yo puedo mejorar, yo puedo tener más.» Esta es la gente que rompe sus propios límites y llega a ver sus sueños cumplidos.

Es gente que sale del montón, gente que quiere salirse del promedio, gente que no quiere ser simplemente un individuo más que pasa por esta vida sin dejar huella.

Si comienzas a interiorizar en tu espíritu y a aplicar todos estos conceptos que ya han sido probados por personas que han alcanzado su objetivo y hoy son recordados y reconocidos en todo el mundo, seguramente tu nombre también será recordado por futuras generaciones. Nunca olvides que fuiste diseñado para que puedas alcanzar el éxito.

> Tu capacidad de innovación, de creatividad y de superación permitirán que conquistes todo lo que emprendas.

Si una estrategia no te resultó, tienes la inteligencia necesaria para cambiarla e incorporar nuevas metas, nuevas ideas y nuevos proyectos. Sé receptivo a lo nuevo, ten en cuenta que la acumulación siempre trae multiplicación.

RESUMEN

«Consumado es» quiere decir que una etapa se cierra en tu vida y comienza otra. La etapa de las inseguridades, de los temores y las dudas se va para dar lugar a que nazcan y crezcan en tu mente y en tu espíritu autoridad, firmeza, fe, coraje y decisión para lograr cada sueño y cada objetivo que nacieron en ti y contigo.

Es tiempo de apartar los miedos y calibrar tus emociones, tu mente y tu espíritu para un mismo fin: llegar a resultados extraordinarios en todo lo que hagas. No permitas que nada te amedrente, ni personas ni circunstancias. Desarrolla una mente libre de la gente, de la opinión de los demás; no lleves las cargas de nadie, no te pertenecen.

> Toma cada lugar que te pertenece, determínate con una mentalidad de abundancia, de ocupación y liderazgo.

Perdona, sé libre y vuelve a la carrera porque hay un premio, un botín que tiene tu nombre y te está esperando. El mundo es rico, lo que sucede es que está en manos de unos pocos. Por eso necesitas ir a tomarlo y recuperar cada logro, cada éxito, cada solución que tenga escrito tu nombre y te esté esperando.

Seguramente si te animas a ir y conquistar, regresarás con abundancia.

3

LA LEY DEL 80/20

> La inspiración existe, pero tiene
> que encontrarte trabajando.
>
> PABLO PICASSO

¿Alguna vez te has preguntado por qué algunas personas alcanzan sus objetivos y sus sueños en tiempo récord y otras no?

¿Alguna vez te has encontrado ocupándote de cosas que no te daban resultados, pero aun así las seguías haciendo y te conformabas, y seguías y seguías?

¿Nunca te sentiste mal al ver que otros lograban lo que tú anhelabas, pero que te costaba tanto alcanzar y nunca llegaba, ni siquiera asomaba?

Probablemente sí, y todos estos sentimientos te trajeron angustia, tristeza, depresión, inseguridad, miedo y rabia.

Para cambiar cualquier situación como esta, tienes que saber que seguramente aquel que lo logró, antes de haberlo

Necesitamos estar despiertos para administrar nuestra propia vida y hacernos cargo de ella, porque de nada sirve ser próspero económicamente un día si al siguiente puedes perderlo todo por «dormirte».

alcanzado habrá pasado por momentos difíciles iguales a los tuyos. La diferencia es que estas personas supieron despertarse a tiempo, cambiar de ideas y planes, simplificar objetivos, renovarse, crecer, estudiar y estar abiertas al cambio.

Muchas personas trabajaron y sembraron, pero cuando cosecharon fue en saco roto. Su problema no fue ni qué sembraron ni qué cosecharon mal sino que cuando recogieron la cosecha, la metieron en el viejo saco de siempre, que ya estaba roto, y no se detuvieron a cambiarlo por uno nuevo que se ajustase a las necesidades del momento.

Cuando nuestros resultados crecen pero nosotros no, aparecen los problemas porque **la gente que crece menos que sus resultados termina aplastada por ellos**.

Por eso la gente «despierta» es aquella que ha logrado sus sueños y cada día va a por más. No se mueven por el alma, ni por las emociones ni por sus sentimientos, sean buenos o no; ellos actúan por convicción y por principios que funcionan.

El secreto es usar principios exitosos, ponerlos en marcha, no detenerse y actuar.

Es hora de que despiertes y avances a la conquista de tu sueño, de tu proyecto, en tiempos que jamás habrías pensado realizarlo.

1. DIFERENCIAS ENTRE «DORMIDOS» Y «DESPIERTOS»

Hay gente que vive dormida, nace dormida, camina dormida y muere dormida.

El **dormido** es esa clase de persona que siembra mucho y recoge poco.

El **dormido** puede hacer mucho pero siempre obtiene pocos resultados. Se viste, pero sigue teniendo frío, bebe pero se queda con sed.

El **dormido** va, viene, sube, baja, trabaja, pero todo lo que hace cae en saco roto.

El **dormido** se mata trabajando y, a pesar de ello, obtiene pocos resultados.

El **dormido** vive pensando en el futuro y una de sus frases favoritas es: «Algún día sucederá.»

El **dormido** basa sus pensamientos en cosas vagas.

El **dormido** se relaciona con cualquier persona.

El **dormido** pierde tiempo.

Por el contrario:

El **despierto** se relaciona con la gente correcta, la clase de persona que agrega valor a la vida; seres que añaden gozo, sabiduría, valor y te dicen: **«Lo vas a lograr, vas a poder, no te detengas.»**

El **despierto** conduce su pensamiento, sus palabras y sus sentimientos en la misma dirección.

El **despierto** ve, siembra mucho y cosecha en abundancia. «Cuando te despiertas, todo lo que haces prospera.»

El **despierto** dice: **«Hoy va a ser un gran día para el cumplimiento de mi sueño.»**

El **despierto** sabe con quién debe relacionarse. De ahí el conocido refrán: «Dime con quién andas y te diré...»

El **despierto** se ocupa de lo principal, de lo importante,

> Las personas que lograron sus objetivos descubrieron que no se trata de trabajar más, sino más inteligentemente.

de las metas a cumplir para lograr su sueño.

El **despierto** se ocupa del éxito. Sabe que sus resultados serán consecuencia de las tareas que realice. Ha preferido concentrarse en trabajar para el éxito, lo que significa que le dedicará más tiempo a las actividades que arrojan resultados positivos.

Winston Churchill, un hombre que desafió los paradigmas de su época, decía que toda correspondencia que él leyera debía limitarse a una sola página: «Si usted no puede decirlo en una sola página, no conoce bien el tema.»

Entonces, para lograr el éxito, necesitas identificar las tareas que más contribuyen y facilitan el cumplimiento de tu sueño.

Necesitamos aprender a descartar los pensamientos erróneos

Por ejemplo, el concepto «terminar primero lo pequeño».

Es importante realizar balances permanentemente, para darnos cuenta de si lo que estamos haciendo nos permitirá cumplir la meta.

«Más importante que hacer todo, es hacer todo lo importante.»

Allá donde va tu atención, va tu corazón. Y si tu concentración está enfocada en los sueños más grandes, eso es lo que va a crecer en ti: la satisfacción de verlos alcanzados y realizados.

A mayor atención, mayor éxito en los resultados. La pregunta crucial que debes hacerte es: *Lo que estoy haciendo, ¿es importante?*

Porque aquello en lo que más piensas, en eso te conviertes

Pon tus ojos en el sueño. Siempre va a haber un plan para que lo logres. No escuches a los que te dicen que ese sueño es imposible, siempre existirá gente que va a tratar de meterte en el pensamiento de masa.

No debe interesarte lo que digan los demás. No escuches a los fatuos, a los que quieren anular tu personalidad; ignora a los necios y permanece fiel a tu sueño, porque allí estará tu herencia. Aprende a expulsar los pensamientos negativos de tu mente. Ten claro tu objetivo, no lo pierdas de vista.

> Nunca permitas que alguien mate tu sueño, no te salgas del foco.

Usa el entendimiento, la sabiduría y todo lo que aprendiste en el pasado. De esta forma, no volverás a cometer los mismos errores.

No obstante, si alguna vez las voces que escuchas tienen poder y te hacen dudar de que vayas a lograrlo, recuerda esta frase: «El problema no eres tú, sino el espejo en el que te miras.»

Debemos ocuparnos de simplificar las cosas

- Desecha todas las trivialidades.
- Limpia el desorden de tu escritorio antes de trabajar.
- Tira todos los papeles que no te sirvan. Desecha lo viejo y obsoleto, ya no te sirve más.
- Mira menos la televisión, investiga en profundidad sobre aquellas personas que lograron lo que anhelas, estúdialas. Sus vidas te ayudarán a avanzar y a que pises donde nunca pisaste. Lee y prepárate.

Y con todo aquello que te resulte difícil y temas no poder alcanzarlo o resolverlo, usa la técnica del «queso suizo»:

Primero le das un mordisco (te comes un agujero, es decir, diez minutos) y descansas, luego haces otra cosa, y después vuelves a darle otro mordisco... es decir, bocado, descanso, bocado, descanso...

Nunca te atormentes con tu problema.

Deja tu problema, apártalo por un momento, seguramente más tarde vendrá la solución.

Tienes que saber que el problema que tienes hoy es momentáneo y vas a superarlo. Quizás hoy puedas estar pensando que es eterno, pero no lo es, porque dentro de ti están las fuerzas y el potencial que necesitas para solucionarlo y conquistar tu propósito.

Desarrolla el sentido de urgencia

La Ley de Flujo dice: «Mientras más rápido me muevo, ¡más energía tengo!»

Esta ley la utilizan aquellas personas que piensan y se organizan, e inmediatamente pasan a la acción. Todas ellas tienen orientación hacia la acción.

Trabaja rápido, pero ¡no con prisa!

Hacer las cosas con prisa nos vuelve lentos. **Rapidez no es agotarse sino esforzarse.** Entonces, haz las cosas rápido y bien. Empieza donde estés y no esperes el momento adecuado.

Trabaja sin pausa, con fluidez y continuamente

Si haces algo, dedícate por entero a eso y no te distraigas. Una hora de trabajo sin interrupciones vale por tres horas comunes, «trabajes el tiempo que trabajes».

Ten una compulsión por concluir las tareas

Hay que poner en práctica la sabiduría de cierre para terminar las cosas y no dejarlas por la mitad. Cuando concluyas algo que empezaste, te dará estima y seguridad en ti mismo.

El ritmo rápido es una de las características de los exitosos

Cuanto más rápido te mueves, antes terminas y más pronto te sientes bien.

Agrupa las tareas similares y ejecútalas

Divide las tareas a realizar y agrupa las que sean similares. Por ejemplo, mandar cartas, llamar por teléfono, etcétera.

Trabaja más duro en lo que haces

Cuando trabajes no pierdas tiempo, concéntrate por entero en ese tiempo de trabajo. Que sea a un ritmo constante, sin estresarte y sin distraerte. Pon el cien por cien de tu energía en todo lo que hagas.

Trabaja más inteligentemente que los demás

Debes erradicar la fantasía de que las cosas sucederán solas, simplemente porque las soñamos. No pienses que por el simple hecho de creerlo, mañana mágicamente será mejor que hoy.

> No esperes nada de nadie, nadie te debe nada. Nadie está en deuda contigo.

Todas las personas que lograron cosas en la vida, hicieron un esfuerzo mayor que el común de la gente y por ende trabajaron más inteligentemente.

Hay gente que vive posponiendo sus sueños porque tiene la fantasía de que otros los van a cumplir por ellos. Tu actitud tiene que ser siempre la de romper tu muro, tu techo, porque si no lo haces tú, nunca vas a llegar. Recuerda que si no rompes tu techo, nadie lo va a hacer, pero cuando lo hagas te surgirán grandes posibilidades. Y todo lo que logres será porque tomaste las riendas de tu vida.

Primero visualiza tu sueño y después pon tu esfuerzo en acción. Tienes que tener claro lo que esperas, saber para qué lo vas a usar y cómo.

Sé excelente, no perfeccionista

Toma un lápiz y anímate a hacer este test. Contesta sí o no y luego suma las respuestas afirmativas:

a) Cuando comienzo algo, ¿me preocupa equivocarme?

b) ¿Tengo metas muy elevadas, difíciles de alcanzar?

c) ¿Intento evitar a toda costa la desaprobación de los demás?

d) ¿Cuándo hago algo no me puedo relajar hasta que no esté perfecto?

e) ¿Siento que aun haciendo las cosas lo mejor posible no es suficiente para los demás?

f) Si cometo un error, ¿siento que todo se estropea?

g) ¿Sé que clase de persona debería ser, pero siento que nunca lo consigo?

h) De niño, aun cuando hacía las cosas bien, ¿sentía que no alcanzaba a complacer a mis padres?

i) Cuando consigo mis metas, ¿me siento insatisfecho?
j) ¿Me siento culpable o avergonzado si no hago las cosas perfectamente?

Si la suma da más de tres, ¡eres un perfeccionista!

Mucha gente dice *«yo soy muy exigente conmigo mismo y con los demás»*, pero si crees que ser exigente y perfeccionista te va a llevar a la excelencia, ¡eso es mentira!

> La excelencia te convierte en una persona de éxito, determinada, que sabe todo lo que hace y todo lo que quiere, porque el lugar donde hoy estás no es tu llegada, sino tu lugar de partida hacia el cumplimiento de tu sueño.

Es la excelencia lo que traerá el fruto de tu sueño al cien por cien.

Excelencia es tener mentalidad de premio y de conquista.

Excelencia es ejercer autoridad sobre tu sueño.

Excelencia es ver lo que tienes y no lo que te falta. Es saber diferenciar lo superfluo y banal de lo importante y eficaz.

2. VELOCIDAD DE ACCIÓN

Si tu deseo es superarte y superar a la competencia, no uses las mismas estrategias y los mismos métodos que empleaste en el pasado. Cuestiona viejas creencias y estructuras de pensamiento, desecha el viejo modelo mental que venías utilizando y renuévate. No te encierres en caducas normas rígidas que limitan tu manera de pensar y actuar poniendo límites al resultado esperado.

En una entrevista, Sarah Nolan (presidenta de AMEX, 1990) afirma lo siguiente:

> El mundo cambiará, querámoslo o no. Las personas y las empresas que sobrevivan y prosperen no solo se anticiparán a ese cambio sino que lo moldearán.

Su idea es que las grandes empresas se mueven lentamente porque están encorsetadas en estrategias antiguas, en sistemas y procedimientos obsoletos. El modelo del futuro debe ser pequeño, rápido y flexible. Iniciar un negocio con espíritu verdaderamente empresarial crea principios y prácticas que luego pueden ser adoptados por las grandes empresas.

Con este nuevo pensamiento y estrategia AMEX redujo gastos en un 40 por ciento y aumentó sus utilidades fuertemente en el primer año de reestructuración.

También en el campo de la administración de empresas y las finanzas, Wilfredo Paretto, un economista italiano, comprobó que el 20 por ciento de la población mundial posee el 80 por ciento del dinero que hay en el planeta. Descubrió también que el 20 por ciento de los clientes que van a un negocio, dejan el 80 por ciento de los ingresos de ese negocio.

Y se dio cuenta de que de cada diez cosas que tenía que hacer, dos le traían grandes resultados y las otras ocho, pequeños resultados. A esta regla la denominó **ley del 80/20**. Por lo tanto, de acuerdo con esta regla dedujo que:

«El 20 por ciento de la gente trae el 80 por ciento de las quejas, el 20 por ciento de los trabajadores produce el 80 por ciento del trabajo, y el 20 por ciento importante de las actividades trae el 80 por ciento de los resultados.»

Entonces, las personas pasivas producen el 20 por ciento de trabajo y las activas el 80 por ciento. Pero ¿cómo sabemos si alguien es pasivo o activo? Pondré unos ejemplos para que puedas discernirlo:

El pasivo vive cansado de nada.
Es esa gente que vive diciendo «estoy cansado», «estoy estresado».

El pasivo no se deja enseñar
Son aquellos que saben cómo arreglar el país, cómo alinear el equipo ganador, saben todo, pero nunca hacen nada.

El pasivo es llevado
El pasivo es errante, nunca toma la iniciativa, la decisión de actuar. Y como no tiene decisión, no se rebela, pone excusas y vive postergando.

> Necesitas saber si eres una persona pasiva o activa para que la ley del 80/20 sea eficaz.

El pasivo se acepta como es
«El pasivo dice pero no hace.» Siempre tiene un problema. Es la típica persona que se acepta como es y justifica su comportamiento. Se autojustifica.

En cambio, el activo...
- Es una persona con expectativas y que obtiene logros.
- Tiene mente profesional porque no se entretiene en ver qué sucede, sino que se entrena para llegar a la meta.
- Es dedicado y se diferencia de la masa, va siempre hacia su objetivo.

- Es sabio, siempre abandona el lugar donde las cosas no suceden para ir a donde sí suceden.
- Tiene mentalidad de herencia, superación y éxito, y todas estas capacidades lo preparan para ocuparse de lo que tiene valor, de lo importante, de lo que le va a dar resultado.

Además, sabe que la vida consiste en invertir bien el tiempo. Y cuando lo hace, es porque sabe que su cosecha va a ser grande.

Hacer las cosas de la mejor manera posible no es sinónimo de éxito ni de ventaja; no en el mundo actual. Lo bueno te coloca solo sobre el montón.

Lo que te diferenciará de los buenos no solo será tu habilidad, sino la capacidad que poseas para desarrollarte y ejecutar tus pensamientos separándote del pensamiento de masa y elevándote más allá de las presiones que recibas.

Poder conocerte y saber tus respuestas cuando estás sometido a presión será importante para acercarte a tu éxito. Sabrás elegir lo mejor y desechar lo simplemente bueno. Decide, confía en ti mismo. No llames a reuniones, a consejos ni a juntas. Optimiza tu tiempo. Invierte tu energía en lo más importante, ubica tus fuerzas, tu talento, tu dinero, tu tiempo, tu amor, todo, en tu objetivo, en lo que te acerca y te conduce a tu propósito.

«Por todo esto, tienes que invertir en lo más importante, en ese 20 por ciento de las cosas que traen el 80 por ciento de los resultados.» Invierte donde los grandes invirtieron, invierte en ti y obtendrás resultados.

Prepárate para tu futuro y abre tu mente a las cosas nuevas. ¡Lo mejor está por venir!

3. LOGRA TUS SUEÑOS EN TIEMPO RÉCORD, ¡RENUÉVATE!

Tu sueño pasará seguramente por momentos en que te encuentres ante nuevas formas, nuevos proyectos y nuevas ideas. Tal vez te preguntes: ¿cómo es que no lo hice antes, en qué estaba pensando?

Y sin embargo de repente, en un instante, se cayeron de tus ojos esas vendas que te paralizaban y no te dejaban avanzar. Seguramente en ese momento pudiste deshacerte de viejos éxitos anteriores que limitaban los de tu presente y los de tu futuro.

> El hecho de crear día a día te posibilitará ver elementos que se le escapan a quien está ocupado en defender viejas teorías.

Tus pensamientos deben renovarse cada mañana, ser desafiantes. Cada día es un nuevo comienzo en el que necesitas deshacerte de prejuicios y encasillamientos que te perfilan como un erudito en cierto tema, pero carente de aprendizaje, creatividad e innovación.

Renovar quiere decir «recibir algo nuevo». Un viejo cuento dice así:

Había una vez un estudiante muy erudito. Un día fue a la casa de su maestro. Se sentaron el uno frente al otro y el maestro empezó a servirle té, mientras el estudiante comenzaba a decirle todo lo que sabía. Cuanto más hablaba el estudiante, más té le servía el maestro. Pronto, la taza se desbordó y el té comenzó a caerle en la ropa.

El estudiante le preguntó al maestro por qué continuaba vertiendo té. El maestro le contestó: «Cuando la mente está llena hasta el punto de desbordarse, lo mismo que la taza de té, no hay más espacio para nada nuevo. Y por ello se necesita vaciarla para llenarla de nuevo.»

Finalmente, el estudiante se dio cuenta de algo que el maestro ya sabía: el té mojaba todo alrededor de la taza. El contenido de la taza cambiaba el medio, así como lo hace el conocimiento que sale de la mente del ser humano.

Vaciarte de viejos conocimientos te permitirá volverte a llenar de una forma distinta, sin que prejuzgues lo nuevo como vacío y negativo.

Aquí el tema no es desprestigiar la experiencia, que tuvo mucho valor y fue importante en los hechos de tu pasado, sino valorar las nuevas ideas, los nuevos conceptos y las nuevas formas que van surgiendo, los cuales te prepararán para los cambios y para que logres tus objetivos en un tiempo récord.

Necesitas crear soluciones cada día para asumir los desafíos que se presentan minuto a minuto.

> Para lograr tu objetivo y tu meta en tiempo récord, necesitas ser una persona que renueva su mente. Renovarse significa poner en la mente algo nuevo.

Nuevos pensamientos y nuevas estrategias son un proceso, no un resultado. Pensar por encima de supuestos e ideas preconcebidas te dará un permanente estado de aprendizaje y de crecimiento que necesitas atravesar para encontrarte en el camino de los resultados exitosos.

Las reglas tradicionales siempre obstaculizan el atajo que seguramente podrías tomar para encontrar las respuestas y soluciones que necesitas.

Si tienes el mismo sueño de hace un año, significa que no te has renovado. Si tienes los mismos muebles que hace cinco años, significa que no te has renovado. Si piensas de la misma manera que hace dos meses, significa que no te has renovado. Si haces las cosas de la misma manera desde hace seis meses sin haber agregado nada nuevo, significa que no te has renovado. Porque una persona que alcanza el éxito de sus sueños, renueva sus pensamientos continuamente.

Cuando una persona no se renueva, no agrega nada nuevo a su vida, a su visión, a su manera de pensar y trabajar, se va estancando y el avance hacia su meta puede ser momentáneo, pero luego se paraliza.

El problema es que, cuando nos paralizamos, detenemos y adormecemos nuestra mente, anulando así cada sueño, cada meta y cada proyecto. **Para conquistar tus sueños y tus objetivos necesitas ser una persona altamente práctica y renovada.** En otras palabras, toda acción tiene una reacción.

Una persona que no renueva su mente, será gobernada por sus emociones

Hay gente que funciona por lo que siente: «me siento mal», «me siento bien». Sienten una cosa un día y al siguiente otra distinta; el lunes sienten que el trabajo es lo más importante, pero el martes lo más importante es la familia; el sábado se casan con alguien porque sienten que lo aman, y a la otra semana se separan porque sienten que ya no lo aman.

Es gente que vive animada un día y desanimada al otro; manejan su vida de acuerdo con lo que sienten. Gente que el lunes es exitosa y el martes está derrotada, gente que un día avanza y al siguiente retrocede; gente inconstante en su manera de pensar y actuar.

No te detengas. Lo de hoy ha sido bueno, pero lo que viene será mejor.

Pero existe todo tipo de gente, y por eso también hay personas con propósitos y destino de gloria. El secreto de estos últimos es que han sabido renovarse, cambiar de planes si los resultados que necesitaban no eran los esperados, avanzar. Pero la característica más importante que los distingue e identifica es que son personas con un deseo radical de cambio y mejora. Son personas con un sentido de mejoramiento continuo, de aprendizaje, de crecimiento, de búsqueda, de añadidura, de superación.

La gente renovada anhela ser mejor persona cada día, formar una mejor familia, obtener mejores ganancias, y se define diciendo: *«Yo voy a por más»*, *«Voy a avanzar»*, *«Voy a por un poco más»*, *«Quiero romper mis límites»*.

Lo que más ama la gente renovada es extender las estacas de su tienda e ir a por más. Es aquella que dice: «No estoy bien donde estoy, quiero más, quiero crecer, quiero añadir.»

Es gente que no quiere ser más del montón, que quiere salir del promedio.

Es gente que lo que piensa, lo cree y no duda, y se decide a alcanzarlo.

Es gente que no permite que sus pensamientos la arrastren. Es leal a sus sueños y no a sus sentimientos.

«No te dejes llevar por tu mente; tu mente es lo más demente que tienes.»

No pongas límites a tus pensamientos, ni parámetros a tu creatividad y tu innovación. Aprende a no frenar tu mente y a crecer. Nadie va a hacer nada por ti, tú tienes que hacer por ti lo que necesitas.

Tiempo atrás, existieron dos hermanos que dijeron: «Se puede volar», y todo el mundo se rio. Pero en 1900 construyeron un avión y se dispusieron a volar. Uno de los hermanos levantó el vuelo pero el avión se cayó y él murió, y el otro hermano enterró al fallecido, pero no así su sueño y su fe; y volvió a probar. Pasaron doce años y el hermano superviviente mejoró su avión y voló sobre Nueva York. Entonces hizo historia: ¡por primera vez el hombre volaba!

Habrá un momento, cuando rompas tu barrera y tu techo, en que dejarás de temblar. Si ahora estás temblando es porque seguramente estás por romper algo que nunca antes rompiste. No te detengas, derríbalo, por-

> Puede morir todo alrededor de ti, pero nunca entierres tu fe con tus muertos, nunca entierres tus sueños.

que cuando lo hagas habrás marcado un nuevo récord en tu vida y alcanzado tu sueño en un tiempo que jamás habrías imaginado. ¡Anímate! ¡Este es tu momento y tu tiempo!

RESUMEN

Como te darás cuenta, para realizar tu sueño en un tiempo determinado y que la vida no se vaya con él, necesitas cambiar y redefinir hábitos, costumbres, pensamientos, métodos, planes y estrategias.

Si no lo haces, el cambio y la permanente evolución de los hechos te atraparán y quedarás inhabilitado para actuar y competir en tu propia carrera.

La gente que obtiene resultados sabe que vale la pena correr riesgos para avanzar y conquistar. Como dice el popular proverbio: «El que no arriesga no gana.»

> Para lograr los resultados que esperas, debes hacerles frente, ser atrevido y desafiante. Los riesgos deben ser asumidos; como dicen los ejecutivos, «el mayor riesgo es no arriesgarse».

La gente exitosa asume riesgos pero no comete tonterías. Las personas que logran el éxito son precisas, decididas, saben lo que quieren y hacia dónde van. Son aquellas personas que se elevan a las alturas porque no se consuelan mirando desde abajo, sino que se preparan, escalan y no paran hasta alcanzar la cima. Y, desde allí, miran hacia arriba, porque saben y entienden que la inspiración siempre viene de lo alto.

4

LA MEJORA CONTINUA

> Los analfabetos del siglo XXI no serán los que no puedan leer ni escribir, sino los que no puedan aprender, olvidar lo aprendido y aprender de nuevo.
>
> ALVIN TOFFLER

Una persona exitosa sabe que donde está hoy no es el lugar de su llegada, es simplemente su punto de partida hacia la meta. El lugar donde hoy te encuentras es el **lugar de tu proceso y tu preparación** para llegar al lugar de tu propósito.

Desde que comienzas a soñar hasta ver el sueño cumplido, necesitarás moverte y mejorar continuamente.

Todo es movimiento. El mundo está en movimiento y na-

Esfuérzate, sé valiente y te darás cuenta de que cuando empieces a moverte, todo lo que hagas obtendrá resultados extraordinarios.

die permanece ajeno a él. No puedes estancarte, no puedes permitirte quedarte a mitad de camino, *¡necesitas moverte!*

Einstein decía que cuando logremos viajar a la velocidad de la luz ya no envejeceremos.

Observa un avión cuando despega. Cuando lo hace ya no puede volver atrás, tiene que despegar. Por eso enciende tus motores, ponlos en marcha, pisa el acelerador y arranca con pasión. Muévete con pasión. La pasión es el combustible que necesitas para llegar a la meta. La pasión te flexibiliza, te fortalece y te diferencia del resto.

Debi Coleman, una exitosa empresaria, afirma que una persona nunca debe ocuparse de algo que no le interese apasionadamente. Con hacerlo bien no alcanza, no es suficiente. Se necesita pasión para enfrentar cada desafío, cada meta.

La **pasión** te sacará del perfeccionismo y te llevará a la excelencia.

La **pasión** pondrá a prueba tu perseverancia y la capacidad de volver a empezar cada vez que tu plan o tu proyecto lo requieran. No importa las veces que lo intentes, con pasión llegarás a ver el sueño cumplido. Kemmons Wilson, fundador de los hoteles Holiday Inn, asegura lo siguiente: **«Si usted no tiene entusiasmo, no tiene nada.»** Nunca podrás conectarte con tu sueño si careces de pasión.

> Si eres apasionado, nunca escuches las voces de aquellos que te digan «ese sueño es imposible», porque si les prestas atención, la pasión se muere.

La **pasión** es necesaria para el éxito. Es un impulso de tu espíritu que te aproxima a tu sueño.

La **pasión** te hará estar centrado, focalizado y equilibrado con él. Y hará que, a pesar de los problemas, estés siempre activado, con fuerzas y energía.

Dice Myles Monroe: **«Todas las cosas se crean dos veces: primero en tu corazón, y luego las ven tus ojos físicos.»**

Todo lo que creas en tu corazón y estés seguro de que viene de camino, aunque la gente no lo vea, si tú lo viste en tu corazón y tu espíritu, solo será cuestión de tiempo. Verás que llegará un momento en que el sueño se mezclará con el soñador, y entonces el sueño y el soñador serán lo mismo. Necesitas verte en el sueño, porque una cosa es «ver el sueño» y otra «verte en el sueño».

Recuerda que cuando te involucres y te muevas con pasión dentro de él, estarás listo para llegar a la cima y conquistar tus objetivos.

1. ¿POR QUÉ DEBEMOS MEJORAR CONTINUAMENTE?

Todo avanza, todo se perfecciona, y así tiene que suceder también con las ideas. Las mejores conquistas y los resultados extraordinarios están a tu alcance.

Vivimos en épocas de cambios continuos y fugaces, y si logramos alcanzarlos, y aun superarlos, saldremos del anonimato.

¿Hace mucho que no vas al cine? No sé si eres joven, pero antes la gente iba al cine a pasar las tardes enteras, viendo dos o tres películas —«sesión continua»— con una vianda que llevaban de sus casas; en los años noventa comenzaron a modernizarse, con butacas más cómodas, nueva imagen, nuevas pantallas y para esa época la gente ya comenzaba a vestirse mucho mejor para ir al cine.

En esa época, el cine pasó a formar parte de un gran centro comercial. En estos últimos años se han abierto cines en los grandes centros comerciales, como parte de una estructura comercial y global, donde además de poder ver una película puedes comprar lo que quieras, cenar, tomar un café, encontrarte con amigos, leer un libro, y aun hacer las compras que necesitas para tu casa.

> **Para comenzar a mejorar necesitas experimentar un sentido de urgencia continua.**

Actualmente se probarán en Japón cines donde además de poder ver la película que elegiste, vas a poder sentir las fragancias y olores que se desprenden del contenido de la imagen y de la escena que estás mirando. ¿Te imaginaste esto como posible solo unos pocos años atrás...?

Piensa cómo puedes ser mejor persona, cómo lograr superarte, qué tienes que leer y en qué debes invertir para crecer. Porque cuando allí donde estés seas el mejor, estarás cualificado para pasar al próximo nivel, a tu próxima promoción.

Veamos un ejemplo.

En 1994 se celebró una competición de remo entre Argentina y Japón, países cuyos equipos estaban patrocinados por dos afamadas empresas de construcción de liderazgo local. El evento se llevó a cabo en un país neutral para evitar favoritismos e influencias.

Iniciada la competición, los remeros japoneses cobraron ventaja rápidamente y llegaron a la meta los primeros. El equipo argentino llegó una hora después. De regreso a Argentina, los responsables se reunieron para analizar las causas de tan desconcertante e imprevisto resultado. Conclusión:

En el equipo japonés había un líder y diez remeros.

En el equipo argentino había un remero y diez líderes.

Las conclusiones se tuvieron en cuenta para el planeamiento estratégico con vistas al año siguiente, con una profunda reestructuración del equipo. En 1995, en la nueva competición, el equipo japonés volvió a adelantarse desde el comienzo. Y el equipo argentino arribó a la meta dos horas más tarde.

Esta vez la conclusión fue la siguiente:

En el equipo japonés había un líder y diez remeros.

En el equipo argentino, un jefe de equipo, dos de *staff* de jefatura, siete jefes de sección y un remero.

La conclusión del comité que analizó las causas del fiasco fue unánime y lapidaria: «El remero era un incompetente», sentenció.

En 1996 hubo una nueva competición. El resultado volvió a ser catastrófico para Argentina: su equipo llegó tres horas más tarde. La reunión del comité se realizó esta vez en el salón VIP del hotel, y elaboró las siguientes conclusiones:

El equipo argentino presentaba un jefe de equipo, dos auditores de máxima categoría, un asesor de *empowerment*, un supervisor de *downsizing*, un analista de procedimientos, un tecnólogo, un contador, un jefe de sección, un apuntador de tiempos y un remero.

Los japoneses, sin embargo, a pesar de su inventiva para desarrollar nuevos métodos e ideas, se ciñeron una vez más a su tradicional esquema: un líder y diez remeros.

Después de varios días de maratónicas reuniones en un conocido *spa*, el comité argentino decidió por unanimidad amonestar y sancionar económicamente al remero, quitándole «todos los pluses e incentivos».

En la reunión de cierre, el ejecutivo jefe tomó la palabra y con voz quebrada anunció que la empresa se vería obligada a revisar sus políticas, vistos los pésimos resultados obtenidos. Asimismo, y con el asesoramiento de un comité *ad hoc* designado por la presidencia y los miembros del Consejo de Accionistas, habían decidido lo siguiente:

«Recurriremos a la contratación de un nuevo remero, pero a través de un contrato de *outsourcing*, con el objeto de no tener que lidiar con el sindicato y no estar atados a convenios laborales anquilosados, que sin duda degradan la eficiencia y productividad de los recursos...» Sin embargo, para haber logrado el éxito y el crecimiento tendrían que haberse preguntado:

> Si no mejoras permanentemente, otro lo hará por ti.

«¿No habrá un modo mejor de hacer esto? ¿No habrá otras alternativas o modos de hacer para lograr resultados positivos? ¿Qué está haciendo nuestro competidor para lograr el éxito que yo no consigo?»

A todo este planteamiento y evaluación se lo llama **reingeniería**.

Pregunta siempre con la palabra «¿cómo?» y recuerda que **si no estás mejorando, seguramente estás empeorando**.

Necesitas adelantarte a los cambios

Hewlett-Packard estuvo a la cabeza del negocio de las impresoras en los años ochenta, lo cual le impidió producir y vender impresoras *ink-jet*, de tinta, lo cual hacía que el producto fuera más barato. No tuvo miedo a perder y hoy vende más impresoras *ink-jet* que láser.

Esta empresa se avanzó al cambio, no dejó que alguien se adelantara a concretar su idea de oro, sino que ellos mismos decidieron avanzar y, aún más, postergar todas las impresoras que ellos mismos habían diseñado.

Rediseñaron sus propias ideas, volvieron a empezar, volvieron a apostar por el cambio y triunfaron.

Los exitosos tienen pensamiento de globalidad para poder permanecer en el mercado, no solo el del aquí y ahora. Los exitosos regeneran sus propios éxitos. Ellos saben retirar a tiempo lo obsoleto y lo que no funciona. No permiten que otros lo hagan. Se encargan ellos mismos.

> La gente que consigue resultados extraordinarios antes se anima a recrearse a sí misma. No se basan en reglas predeterminadas y convencionales, sino que las inclinan y las transforman a su favor.

Walton, un hombre de negocios, escribe: *«Si todos los competidores lo están haciendo de cierta manera, hágalo usted al contrario. Así aventajará a los demás.»*

Los fabricantes de zapatillas dicen que la vida promedio de un modelo nuevo no supera los cuatro meses. Pleasant Rowland, autora de libros para jóvenes, señala: *«No se puede competir chocando de frente con los gigantes. Hay que rodearlos. Y hay que salirse de los límites.»*

Ciertas reglas debes crearlas tú mismo. El cambio en el cual vivimos y estamos inmersos desafiará todos los conceptos y todas las estructuras que veníamos realizando. Nuestro ser interior debe estar formado en **carácter** y **capacidad** para lograr resultados óptimos.

Cualquiera de estos dos componentes solos, actuando independientemente no sirven. Recuerda que la acumulación siempre trae más acumulación y, por ende, fruto.

> **Pensar con capacidad evita pensamientos de pobreza y miseria.**

La pobreza no es un estado social, ni económico ni financiero, sino un estado mental vacío y decadente, sin sueños y sin metas.

Estamos donde estamos y somos lo que somos a causa de nosotros mismos. Para mejorar continuamente debemos erradicar mitos, y uno de ellos es el famoso «cuando...» que siempre intenta detenernos: *«cuando tenga dinero...», «cuando tenga más tiempo...», «cuando mis hijos sean mayores...», «cuando se me abran las puertas en el mercado exterior...».*

Siempre estamos esperando las condiciones favorables para cumplir las metas y los sueños, pero las metas no van a esperar las condiciones favorables, porque estas las tenemos que generar nosotros, de lo contrario nunca lograremos nada.

Cada uno es responsable de lo que es y de sus logros en la vida. **¡Especialízate en algo y sé el mejor! Alguien tiene que ganar el trofeo y ese alguien puedes ser ¡tú!**

Para alcanzar tus sueños has de identificar los errores más comunes que comete la gente cuando fracasa y que le impiden llegar a la meta.

1. Caminar en círculos cerrados

Hay personas a las que cuando les delegas algo, en vez de abrir el juego e incorporar a más gente, lo cierran. Por ejemplo, si eres miembro de un equipo de venta en el que de acuerdo con lo que vendes te van subiendo de categoría y aumentando los incentivos. Si el líder de este grupo tiene este tipo de mentalidad cerrada, seguramente tratará de no incorporar más vendedores, ya que temerá que alguno pueda desbancarlo o hacerle sombra.

Debido a este tipo de pensamiento, las empresas que hoy en día tienen un solo jefe se están yendo a la ruina, porque **para lograr un sueño se necesita un equipo, no es época de lobos solitarios.** Nadie llega a la cima del Everest solo, necesita de los demás.

Cuando una persona cierra los círculos y no deja entrar a nadie más, no podrá liberar el potencial que tiene en su corazón y su mente porque estará quebrantando la «ley de la multiplicación»: el perro tiene perritos; el gato, gatitos; el elefante, elefantitos; el jefe tiene un equipo y, por ende, un grupo de personas que piensan y actúan en pos de un beneficio general: «Si todos ganan, yo también ganaré.»

2. No supervisar la tarea

Muchas personas delegan en otros las tareas y eso no está mal, pero no se debe olvidar la supervisión de la tarea delegada. El gran error es delegar y lavarse las manos. Si delego una tarea, sigo siendo el responsable de la misma, por lo que debo supervisarla.

> La gente exitosa siempre supervisa todo, nada queda librado al azar.

3. Buscar reconocimiento

Tu motivación nunca debe ser buscar el reconocimiento. Mucha gente que hace las cosas siempre está esperando la felicitación, aquella que mamá o papá no le dieron. Por ejemplo, hay gente a la que le delegas una función y luego está esperando que le digas: «Muy bien, ¡lo has hecho estupendamente!», o que le des las gracias.

Se mueven por reconocimiento y viven siempre frustrados, porque cuando el reconocimiento es la única motivación, tu autoestima siempre estará en manos de los demás. Y dependiendo de cómo los otros reconozcan tu trabajo, así te sentirás: «bien o mal». Los otros tendrán la llave de tu estado de ánimo.

Pero cuando el reconocimiento está en tus manos, **eres libre de la gente y de la opinión de los demás.** No busques el reconocimiento de los otros y estarás **libre de la gente; es lo mejor que te puede pasar.**

4. Meterse en la vida de los demás

Algunos viven de los demás, la vida de los otros, y así es como nunca liberan su potencial. Porque cuando te metes en la vida del otro, el otro también se meterá en la tuya, y la palabra con que juzgaste a los demás, será la misma con que los demás te juzgarán a ti.

Nunca te metas en la vida de nadie, cada uno debe dar cuenta de sí mismo. No pierdas tiempo en la vida de los demás; ocúpate de ti y no permitas que nadie evalúe tu vida, cada uno es responsable de su comportamiento, de su propósito y de sus sueños.

Seguramente muchas veces has pensado: «¿Y si se equivoca?... Mejor le digo cómo tiene que hacerlo.» ¡¡Craso error!! Nadie debe meterse en la vida del otro; si él se equivoca deberá asumir los resultados por sí mismo, y si el logro es positivo, ¡bienvenido, pronto nos encontraremos en la cima de la montaña y lo celebraremos!

Cada uno debe hacerse cargo únicamente de su propia vida y sus propios objetivos.

5. Involucrarse con la gente equivocada

En tu círculo íntimo nunca debe haber mucha gente. Aléjate de los chismosos, de los negativos, de los críticos, de la gente equivocada que es superficial, de los que siempre están opinando y dicen: «¡mira cómo se vistió!, lo que hizo, lo que dijo o lo que no dijo...».

No te relaciones con personas que aumentan tu debilidad, con los que te critican y no te defienden. Te aseguro que cuando te alejes de lo malo, lo bueno vendrá a tu vida.

> Nadie recuerda a los perdedores.

Por eso, si quieres que la gente te recuerde, júntate con los que añaden valor a tu vida y se acercan a tu objetivo.

6. No echar raíces

Para alcanzar tu sueño, debes tener anotado todo: día y hora, saber exactamente lo que quieres, la marca, el barrio, el color (no importa que después vayas reciclándolo, agregándole cosas, sacándole años, etcétera). Tienes que tener escrito concretamente tu objetivo y las metas a conseguir: ¿cuánto quieres ganar?, ¿dónde quieres vivir?, ¿dónde quieres que esté tu empresa?, ¿cuántos empleados quieres tener?, y así sucesivamente con todo lo que te propongas.

Dibújalo, represéntalo gráficamente, tenlo siempre presente en tu corazón, en tu mente y en tu espíritu.

«Aunque la visión tarde un tiempo, espérala, trabaja en ella, porque sin duda llegará.» No seas tibio con tu sueño, sé caliente o no sueñes.

Nunca aceptes un «no se puede», un «no lo lograrás». Debes eliminar las autodefiniciones: tienes que liberarte de las definiciones convencionales; nunca digas «no sé», «no soy capaz», «no estoy capacitado», «nunca lo hice», «no puedo»; todas estas son palabras, paradigmas y obstáculos mentales que debes erradicar de tu lenguaje y de tu mente.

> Mientras alguien te dijo que no se puede, hay otro que lo está haciendo. Todo es posible, porque si puedes soñarlo puedes lograrlo; y si puedes creerlo vas a concretarlo.

Para lograr el éxito debes aprender a priorizar, a invertir tu tiempo en las cosas trascendentes y mejorar continuamente en todo lo que emprendas.

2. NECESITAMOS SABIDURÍA PARA LLEGAR A LA META

Todo está cambiando vertiginosamente, a un ritmo demasiado acelerado en el que los conceptos y conocimientos adquiridos sirven para un bagaje de información que requiere ser actualizado continuamente.

Para adelantarnos a todos estos cambios, no solo debemos renovar y actualizar el conocimiento intelectual, sino también renovar el sistema de pensamientos y el sistema de creencias con los cuales veníamos funcionando.

Todo lo que hoy es nuevo, en unos meses dejará de serlo, y en poco tiempo más desaparecerá. Vivimos en una sociedad sujeta a estos cambios, a producir más con menor coste y en tiempos récord. Y el estrés y la tensión están siempre presentes.

La presidenta ejecutiva del Bank of America, K. Shelly Porges, escribe: «*Para mantenerse dentro de esta atmósfera dinámica en la cual las normas cambian continuamente, se necesita algo más que un cambio en la estructura, se necesita toda una nueva forma de pensamiento.*»

> Lo mejor es poder adelantarte al cambio y no tener que cambiar cuando ya se ha producido y estás sumergido en él.

Frente a los cambios no debemos pararnos con temor, todo lo contrario. Ellos nos enfrentarán a la tarea de usar y revelar todo el potencial, todas las habilidades y capacidades innatas que cada ser humano trae consigo pero que nunca ha descubierto.

- **El cambio** te desafiará a obtener nuevos logros y nuevos resultados.
- **El cambio** sacará de cada uno todo lo que posee y necesita para convertirse en una persona exitosa. La pasión por tu propósito y por tu sueño hará que lo enfrentes y lo conquistes.
- **El cambio** rompe estructuras. Antes se pensaba que si eras un buen alumno, que si te preparabas, tenías el futuro asegurado. Tenías que tener un título, como lo recrea la obra teatral *Mi hijo el doctor*; pero hoy, el cambio sucede tan abruptamente que lo que asegura la llegada al éxito no es solo el conocimiento, que es sumamente importante, sino también la capacidad de adaptación de cada uno frente a los cambios que se presentan y lo desafían.

La intensidad y la velocidad con que se producen los cambios en el mundo es llamativa. Si no lo crees, recuerda qué sistema estabas usando en el PC de tu empresa hace seis meses atrás, qué software habías comprado, qué velocidad de internet tenías, y compáralo con lo que usas hoy.

Seguramente cambiaste de programas, de estrategias, de ideas en proceso, porque si no avanzas con el cambio y no te preparas, puedes quedar fuera del sistema.

Tal vez te modernizaste y actualizaste con toda la terminología y todo el equipamiento, pero lo primordial es que abras tu mente a lo nuevo, a las creencias verdaderas; de otra forma, por mucha tecnología punta que utilices, si tu mente está cerrada seguirás funcionando con las mismas ideas: antiguas y caducas.

Si tu objetivo es llegar a la meta, en el camino tendrás que aprender a resolver problemas, a no huir de ellos y a no esconderlos, porque tu naturaleza y el diseño con que estás hecho te capacitan para solucionarlos.

Enfréntalos con gozo, porque si resuelves el problema que hoy tienes delante tal vez se te abran puertas inimaginables.

Vas a ser conocido por tu capacidad de resolver problemas, no por lo que dejes inconcluso.

Fuiste creado con la habilidad necesaria para alcanzar tu sueño.

Cuando la gente sepa lo que te está pasando, va a decir: «Pobre, ¡qué problema tiene!»; en cambio, tú vas a decir: «¡Este

Cada problema que resuelvas es el principio de tu éxito.

momentáneo inconveniente me proporcionará una oportunidad de oro!»

Tus problemas te van a promover, no reniegues de ellos.

El tamaño de tu recompensa vendrá determinado por el tamaño de tu problema. A grandes problemas, grandes recompensas.

Pero seguramente en el camino de la resolución del problema tendrás que desarrollar sabiduría para tratar contigo mismo y con los demás.

Primero nos detendremos a hablar de nosotros mismos, condición indispensable para el logro de nuestros sueños.

a. **Quiero que pienses cómo te ves, cómo te definirías a ti mismo, qué cosas negativas y cuáles positivas hay en tu vida.**

Todos tenemos una imagen de nosotros mismos y eso se llama *estima*. Y todos tenemos una manera de vernos, de calificarnos o descalificarnos. Este concepto sobre nosotros mismos es muy importante, porque es el que llevamos a todas partes.

Si te ves como una persona incapaz, vas a funcionar sin capacidad en tu trabajo; si te ves como una persona tímida, seguramente serás un timorato en tus relaciones interpersonales; porque uno funciona según cómo se ve a sí mismo.

Para que el aprendizaje sea continuo es necesario conocerse a sí mismo, debes estar abierto al cambio y ser capaz de asumir desafíos.

El hecho de poder conocernos nos abrirá puertas y nos fortalecerá. Según John Kotter, aprender de uno mismo y de la situación que estamos pasando, guarda una relación directa con el éxito.

Se toma un reto, se actúa y luego se reflexiona sinceramente sobre por qué las acciones dieron buen resultado o fracasaron. Se aprende de ello y se sigue adelante. Ese proceso continuo de aprendizaje durante toda la vida ayuda enormemente en un medio económico de cambio rápido.

> Cada vez que me lleve bien conmigo mismo, me llevaré mejor con los demás.

«¡Oh!, a mí nadie me felicita!»: felicítate tú; «¡A mí nadie me regala nada!»: regálate tú. Reconócete a ti mismo, aprende a felicitarte y nunca nadie podrá dañarte.

No esperes que nadie venga a hacerlo. Cuando vengan y lo hagan, ¡gracias!, pero ten en cuenta: es solamente un *bonus*.

Todo lo que necesitamos para ser felices está en nuestro interior. Porque para conquistar tu sueño, necesitas tener buena estima de ti mismo.

Primero necesitas quererte a ti mismo, porque si tú no te quieres, nunca podrás querer a los demás.

Cuanta más autoestima tengas, mayor conquista tendrás. **«Los sueños cumplidos son tu herencia.»**

Cada vez que condicionas tu gozo a alguien, vas a sufrir. Nadie puede hacerte feliz, solo tus decisiones y elecciones pueden hacerlo.

Lee detenidamente este ejemplo para visualizarlo mejor.

> Tienes que aprender a respetarte, a quererte, a mimarte, a ponerte la mejor ropa. Nadie puede marcarte tu autoestima, solo tú puedes hacerlo.

«Tú no te casas para ser feliz: porque eres feliz te casas.»

Pensamos así: *«Esa persona me da paz.»* ¡Error! *«Me junto contigo no porque me des paz, sino porque yo tengo paz como para acercarme a ti.»*

Cuando te lleves bien contigo mismo, podrás llevarte bien con los otros. Cuando te trates bien, serás capaz de tratar bien a los que te rodean.

Recuerda: «Cuanto mejor me lleve conmigo mismo, mejor me llevaré con los demás.»

b. Después de que tengas claro quién eres y adónde quieres llegar y qué cima quieres conquistar, vas a necesitar sabiduría para tratar con la gente.

Todo problema emocional siempre es interpersonal. Si recuerdas una herida de tu pasado, nombrarás seguramente al responsable.

Toda herida tiene que ver con la gente, y una de las fuentes de mayor dolor son los problemas interpersonales. ¿O no?

¿Alguna vez resultaste dañado por alguien? Bienvenido al planeta Tierra.

Tanto la mayor frustración como la mejor bendición son provocadas por la gente. A continuación desarrollaré algunos principios que has de tener en cuenta para no resultar dañado:

- Nunca tienes que hablar de problemas con personas que no están capacitadas para resolverlos.
- Si no esperas nada de nadie, nadie podrá lastimarte. Cada vez que esperamos algo de la gente terminamos heridos. **Cuando nadie pueda dañar tu corazón, estarás listo para cosas grandes.**
- Nunca veas a la gente como víctima y victimario. **La gente puede bendecirte o destruirte;** la gente puede tener el poder de hacerte llegar rápido a tu sueño o de alejarte de él. Por eso, nunca hay que idealizar a nadie.

En las relaciones interpersonales no hay víctimas ni victimarios, cada uno decide lo que quiere decidir. No te quejes de lo que toleras.

- Aprende a respetar los sentimientos y las ideas de los demás aunque no los compartas. Tenemos que aprender a respetar al otro, porque lo que sembremos es lo que luego cosecharemos.

- Tus logros no son para todo el mundo, sino para la gente que te ha acompañado en el día de tu prueba, para la gente que te acompañó en los momentos difíciles. Esa es gente especial y debe tener un lugar especial en tu vida. Ya que la gente que te acompañó, que estuvo contigo, esa merece un lugar de privilegio.

- Si creas un vínculo del alma, serás lastimado. El alma es la mente, la voluntad, las emociones. Cuando te apegas a una persona estableces un vínculo intenso, íntimo, pegajoso y cerrado con ese alguien, y siempre en algún momento te traerá dolor. Necesitas aprender a ser feliz por ti mismo y a no esperar nada de nadie.

¿Cuántos esperamos algo alguna vez de alguien? Y cuando ese alguien no nos dio lo que esperábamos, acabamos heridos.

> **Todo amor que la gente te dé es un «extra» en tu vida.**

Depende de ti que tengas sabiduría para llevarte bien con el que te va a acompañar en el camino a tu éxito, y para alejarte del que pretenda desviarte del mismo.

Cuando aprendas que nada ni nadie tiene autoridad para dañarte, estarás listo para llegar a la cima de tu meta.

3. DESHAZTE DE TODO LO QUE NO SIRVE

Mucha gente se resiste al cambio a fin de permanecer en lo seguro y en lo que ya conoce: *«Si así nos va bien, ¿para qué vamos a cambiar?»* Algunos tratarán de evitarlo si es posible. Muchos miran el cambio como algo que puede robarles el trabajo, el dinero, la tranquilidad. Y por eso se muestran reacios y contrarios a él.

Lo convencional y lo racional se impondrán al cambio. La racionalización y las verdades antiguas siempre querrán demostrarte por qué el cambio fracasará. Después de este cambio, habrá otro cambio, y otro, y así será siempre. Vivimos inmersos en el cambio permanentemente.

> **Piensas que con el cambio vas a perder el control y no es así; esta es simplemente una idea obsoleta.**

La ley de lo obsoleto

Todo lo creado ya está obsoleto, porque el cambio no se detiene, y eso significa «una mejora continua».

¿Sabes por qué la gente rígida fracasa en la vida? Existe gente que, por ejemplo, quiere tener una empresa familiar como la de su abuelo, pero resulta que su abuelo la fundó en 1900 recién llegado de Italia, en un país donde existía otra economía de mercado, otros presidentes, otras leyes, otros códigos de conducta, otro tipo de comercialización, y entonces lo que el abuelo fundó, el hijo se encarga de mantenerlo y el nieto lo funde. La empresa dura tres generaciones.

Debemos tener mentalidad de cambio, de progreso, de proyección, de estudio: «todo cambia».

Todo cambio que no cambie la mente, no es cambio

Y cuando una persona no se abre al cambio o, mejor dicho, no cambia con el cambio, se hunde. Los cambios no matan, los cambios ¡¡fortalecen!!

R. Kriegel establece: *«Métase con el éxito o el éxito lo meterá a usted en problemas.»* Yo lo expresaría así: «Métase con el cambio o el cambio lo meterá a usted en problemas.» Todo está en movimiento y en cambio permanente.

Los japoneses utilizan el término *kaizen*. Significa «mejoramiento continuo» y es el fundamento, la base y el pilar de las empresas japonesas exitosas. Iwao Isomura, jefe de personal de Toyota, dice: «Nuestro actual éxito es la mejor razón para cambiar las cosas.»

Muchas veces el éxito también paraliza y adormece, porque permite que te apoyes y descanses sobre él, total... ¡ya lo has alcanzado! Pero este sistema de pensamiento es erróneo.

La estabilidad y la permanencia absoluta no son conceptos útiles en estos tiempos de cambios.

R. Kriegel y L. Patler señalan en su libro *Si no está roto, rómpalo* acerca del éxito: *«Utilice el éxito como un trampolín y no como un pedestal. El pedestal es estático y presenta un gran objetivo estacionario que le facilita a cualquier persona derribarlo. El trampolín le permite moverse y saltar continuamente para alcanzar mayores alturas.»*

> El exitoso siempre cambia, porque siempre busca mejorarse.

Cambia cuando todavía puedas hacerlo. Cambia cuando todavía las cosas funcionan, cuando estés a tiempo de modificarlas. Todos los cambios, todas las ideas generadas para lograrlos son viables y geniales escritas en un papel; el problema se presenta cuando debemos darles vida y ponerlas en marcha.

Mike Hammer dice: «*Proponer ideas es la parte fácil, pero lograr que las cosas se hagan es lo difícil. El lugar donde estas reformas mueren es allí... en las trincheras.*»

Sí, crearlas es fácil, ahora bien: ¿dónde radica el problema para que estas nuevas ideas funcionen? La respuesta es sencilla y compleja a la vez: «**En la gente.**»

Las personas serán las encargadas de transformar estas nuevas ideas en acciones. La mayoría de la gente se resiste al cambio, porque este proceso las moviliza, las desconcierta, las incomoda. Esta es una gran tarea, de por sí arriesgada, y que muchos prefieren obviar para seguir en la zona de confort y comodidad a que están habituados.

> **Si no te superas y te perfeccionas continuamente, otro tomará tu lugar y lo hará por ti.**

El aprendizaje continuo es la clave para el éxito:

- Levántate más temprano y prepárate.
- Escucha música que te inspire.
- Lee libros.
- Júntate con gente exitosa.
- Cuanto más aprendas, más podrás aprender y más podrás desechar lo que no sirve.

Ahora, debes convertirte en tu jefe, en tu autosupervisor; eso significa ir un kilómetro más adelante de lo que venías haciendo.

Lo que leíste ya fue, es el pasado, hoy hay más libros

esperándote; lo que hiciste ya es pasado, fue bueno pero ya pasó, no te detengas en el éxito anterior, avanza hacia los nuevos proyectos. El método que ayer te sirvió hoy quizá ya está caduco, investiga, profundiza en cada uno de tus anhelos, no dejes cosas al azar.

Hazte la siguiente pregunta: «Si tuviera que marcharme por un mes, ¿qué debería terminar sí o sí?» Y luego hazlo.

Einstein puso un examen de física y sus alumnos le dijeron: «Profesor, las preguntas son las mismas del año pasado.» «Sí —respondió Einstein—, pero las respuestas son distintas.»

El tres por ciento de tu tiempo tienes que dedicarlo a tu formación. Solo si te formas cada día lograrás llegar. Tienes que alimentar tu mente y tu espíritu para avanzar.

Para lograr una mejora continua debo invertir en mí

El «don predominante» es el don que posees, con el que naciste para ser bueno en algo; no has de ser experto en todo sino bueno en una o dos cosas, y en eso **ser el mejor**. Busca cuál es tu pasión, qué es lo que haces bien y mejóralo, desarróllalo, hazlo crecer.

La gente mejor preparada lee tres horas al día para mantenerse al tanto de la actualidad del mundo.

> Tienes que vestirte y comportarte como la persona que te gustaría llegar a ser, no esperes a serlo, ya lo eres, y con perseverancia especialízate en algo.

- Planifica cada día con anticipación.
- Usa tu mejor tiempo en lo más importante.
- Prepárate, pues te mantendrá actualizado en tu profesión. Si nos preparamos, estaremos capacitados para un ascenso por hallarnos al corriente de todo lo último en nuestro campo. Sigue cursos de perfeccionamiento.

Los médicos, los informáticos, saben que «si no mejoran, empeoran». La única manera de ser un experto es mantenerte al tanto de todo lo nuevo que surge en tu campo. Debes invertir en tu sueño. Necesitas invertir tu energía en lo más importante. No vivas del éxito del pasado.

4. TÉCNICAS SENCILLAS PARA LOGRAR UNA MEJORA CONTINUA

1.ª Técnica: «Hacer las cosas bien desde el principio ahorra tiempo.»
¿Qué significa «calidad total»? Hacer las cosas bien desde el comienzo.

2.ª Técnica: «La calidad debe presidir tu estilo de vida.»
Incorpórala a todas las áreas. Estamos hablando de mejoramiento, de ser mejoradores continuos.

3.ª Técnica: «No te fijes en el precio, sino en la calidad.»
Porque la calidad tendrá mayor impacto que el precio.

4.ª Técnica: «Dedícate a los detalles.»
¿Cómo mejoramos un matrimonio? A través de los detalles.

5.ª *Técnica: «Busca mejorar tu trabajo permanentemente.»*
No esperes que tu jefe te lo pida...

6.ª *Técnica: «Pon todo tu esfuerzo.»*
No te conformes con lo que has logrado, sal de tu zona de confort, porque una vez que te acomodas, ese lugar termina siendo tu enemigo para alcanzar algo más grande, se convierte en una limitación.

Stephen Covey señala en su obra *Los siete hábitos de la gente altamente efectiva* la necesidad de mantener una tensión constante y positiva hacia la mejora continua. Y uno de los caminos que sugiere es el desarrollo de una habilidad cada año.

> **Donde hoy estás no es todo lo lejos que puedes llegar, sino tu punto de partida.**

Un sueño que mantengas firme en tu corazón hará que todos los límites se rompan, no hay límites de edad ni de color.

No te muevas por las circunstancias, eso es emocional; sé un misil, busca siempre alcanzar tu meta y verás todos tus sueños cumplidos. Busca la sabiduría, inclina tu corazón a la prudencia y todos tus graneros serán llenos con abundancia.

Veamos este poema que describe al hombre sabio.

> *Bienaventurado el hombre que halla la sabiduría*
> *y que obtiene la inteligencia,*
> *porque su ganancia es mejor que la ganancia de la*
> *   plata*
> *y sus frutos más que el oro fino,*
> *más preciosa es que las piedras preciosas;*
> *y todo lo que puedes desear, no se puede comparar*
> *   con ella.*

Largura de días está en su mano derecha;
en su izquierda, riquezas y honra.
Sus caminos son caminos deleitosos,
y todas sus veredas paz.
Ella es árbol de vida para los que de ella echan mano,
y bienaventurados son los que la retienen.

RESUMEN

El cambio genera incertidumbre y te hace sentir inseguro: «Y si no funciona, ¿qué hacemos?»

El cambio te confronta, te enfrenta y te atemoriza: «¿Y si no resulta como ellos quieren y nos echan?» «Si así estamos bien, ¿para qué vamos a cambiar?»

Y respondemos: «Sigamos así. De esta forma siempre nos fue bien...» Esto es verdadero, seguramente pudo haberte ido bien, pero tienes posibilidades de que te vaya aún mucho mejor.

También es cierto que todas las personas necesitamos un tiempo lógico y razonable para situarnos, ser partícipes y comprometernos con las nuevas situaciones y los nuevos funcionamientos. Ferry Nelly lo expresa de esta forma: *«Un sistema de ordenador nuevo difunde confusión, dudas y tensión. El hardware puede funcionar, el software también, pero el sistema no funciona si las personas que van a usarlo no cooperan.»*

Si te resistes y no vives ni cambias, solo permaneces.

El cambio debe ocurrir primero en la estructura mental de la persona. Por eso, el éxito de un proyecto, de una idea, dependerá de su realización, y en ese proceso interviene la

> Los mejores resultados no dependerán solo de lo que sabemos, sino de cómo los aprendemos y desarrollamos. Es por eso que el secreto es aprender bien y siempre.

mano del ser humano. Puedes idear exitosos proyectos, pero se necesitará gente exitosa, innovadora, abierta al cambio permanente, para obtener los resultados esperados.

Recuerda que el aprendizaje es un proceso que comienza cuando nacemos y que finaliza solo cuando la persona decide ponerle punto final. Siempre estás a tiempo para cambiar, hasta el último momento...

5

PROPÓSITO, PLANES Y HÁBITOS DE TRABAJO

> Lo único que puedes cambiar del mundo es a ti mismo, y eso hace toda la diferencia del mundo.
>
> CHER

Hay una cima con tu nombre que está esperando a que te levantes y la conquistes. El sueño que está en tu corazón fue puesto en ti antes de tu concepción y vio la luz el día de tu nacimiento.

Tal vez hayan pasado diez, veinte, cuarenta, sesenta años y solo ahora descubras el propósito de tu vida. Pero eso no importa, estás a tiempo porque tienes vida. Únicamente tienes que volverte obsesivo con él, poner-

Tu propósito ya te pertenecía, estaba diseñado desde antes que estuvieras en el vientre de tu madre, el gran problema es que el hombre lo descubre mucho más tarde.

lo delante de ti, caminar con él, y eso te hará ser una persona plena y feliz.

Porque cuando sabes qué conquistar, qué lograr, cuál es la cima a la que estás llamado, cuál es tu sueño, tu meta, tu visión, el propósito por el que vives, los objetivos que tienes que lograr antes de morir, solo entonces, cuando lo tengas claro, sabrás para qué vives, tendrá sentido levantarse cada mañana, abrir los ojos, caminar firme cada momento del día y poner todo tu esfuerzo y tus capacidades para lograrlo. La claridad que tengas de él hará que todo tu potencial salga a la luz. Entonces, caminar en el propósito te dará sentido.

1. ¿CUÁL ES TU PROPÓSITO?

Muchas veces, al reunirnos con nuestros amigos o nuestra familia nos ponemos a recordar momentos pasados, situaciones felices y otras que no lo fueron tanto. Momentos de gloria, de apogeo, cuando de repente aparece la famosa pregunta: «¿te acuerdas de cuando...?», y dedicamos todo el tiempo a hablar de lo que hicimos y de lo que fue aquella época.

> Ignorar lo que eres, lo que auténticamente eres, puede matarte literalmentee. Si sigues ignorando quién eres en realidad, tu sistema se colapsa por completo y te vuelves más viejo de lo que tu edad indica. Forzarte a ser quien no eres, o aplastar a quien verdaderamente eres, es peligrosamente tóxico.
>
> P. McGraw

Tal vez no te das cuenta de que le estás dando demasiada importancia a tu pasado porque en tu presente no hay nada. No hay metas, no hay proyectos, no hay propósitos y tampoco resultados. Quizá tampoco tu pasado fue tan glorioso, pero es que ante un presente vacío, sin ocupación, sin ideas, sin vida, todo lo pasado parece extraordinario.

Tu presente y tu futuro no son tan bonitos ni tan felices como para ser contados.

Si lo pasado fue mejor, algo tendrás que replantearte en el presente. No tiene sentido estar todo el tiempo ocupados en cosas que no decidimos hacer y que tampoco elegimos, pero que las hacemos porque otros decidieron por nosotros. Si tu realidad es así, no estás cumpliendo tu propósito, solo llenando tu tiempo con actividades.

Si tu pasión murió, puedo asegurarte que no estás viviendo, simplemente estás interpretando un papel que te dieron otros.

La condición de persona te habilita para ir de victoria en victoria, no de derrota en derrota. Tu vida vale la pena de ser vivida con pasión hasta el último momento, sin desperdiciar un solo minuto.

Haz una autoevaluación de tu vida, de tu mente y tu espíritu. Si estás feliz con lo que has logrado hasta hoy, adelante, todavía hay mucho por recorrer; y si no estás del todo satisfecho, es momento de volver a tu posición de «ser único y original», situarte en tu propósito y volver a idear planes, proyectos, metas, sueños y objetivos.

Es hora de que te encuentres a solas sin interrupciones, sin MP3 en tus oídos, sin el PC delante de tus ojos, sin televisión, sin amigos, solo tú contigo mismo, para encauzar tu vida con objetivos claros y definidos. No te automatices, comprométete con tu vida. Es el momento de encontrarte contigo y con tu interior.

Si ponemos el ojo en el exterior, alguien siempre tendrá la culpa de lo que nos ha salido mal, o de lo que no hemos sido capaces de conseguir por diversos motivos, siempre

> **Tu propósito te corresponde. Alcanzarlo no dependerá del exterior, sino de tu interior.**

encontraremos un chivo expiatorio: el país, el gobierno, la familia, el trabajo... Pero si el ojo está puesto en tu interior, todo dependerá del control y las acciones que emprendas para alcanzarlo.

Aquí no se pondrán en juego ni la buena ni la mala suerte, ya que ninguna de las dos existe. Lo que sí existe son personas con determinadas características que deciden estar en el momento y el lugar correctos para que las cosas sucedan.

Hay personas que pueden ver las bendiciones, pero otras solo ven las maldiciones. Por ello cada día es tu responsabilidad, sea martes 13, martes 15 o el mundo esté festejando Halloween. Todo dependerá de tu propósito.

¿Alguna vez te has preguntado cuál es el propósito para el cual naciste?

Propósito significa **que todo lo creado es hecho con un fin. Todo lo que nosotros vemos en la tierra fue creado para algo.** *Eso es propósito.* **Y nosotros fuimos creados para un propósito.**

Cuando eres una persona con un propósito nadie tendrá que estimularte para que te esfuerces por alcanzarlo, porque no se trata de lo que los demás te imponen, sino de lo que anhelas y deseas. La motivación está dentro de ti. Nadie tiene que convencerte de nada, el objetivo que hay en tu espíritu y tu mente es lo que te conduce a alcanzarlo.

Además, tu propósito es el que te impulsa, te moviliza y te conduce a la acción. El claudicar no está en tu mente ni en tu espíritu, solo las agallas del éxito, el coraje, la constancia y la perseverancia con las que fuiste equipado.

Para conocer adónde debes ir, necesitas saber dónde te encuentras hoy. Encontrar ese propósito te hará vivir centrado. En contrapartida, vivir una vida equivocada, fuera de tu propósito, es lo peor que te puede pasar.

Si quieres ser exitoso y lograr tu sueño, debes estar centrado en lo más importante: tu propósito.

Nadie puede ser totalmente feliz si depende de otros, si cumple el propósito de otro. Solo cuando seas libre de los demás respetarás tu individualidad, tu verdadero yo. No es necesario copiar a nadie. Solo respeta al otro y el otro te respetará como eres.

Individualidad no es individualismo

Individualismo *es aislarse,* es decir: *«Yo hago lo que quiero y nada más.»*

Individualidad *es la característica y la particularidad de cómo eres, de respetar al otro y que el otro te respete a ti.*

Primero tienes que ocuparte de ti, porque no puedes servir al otro si no te sirves a ti; no puedes amar al otro si no te amas a ti mismo; no puedes cuidar al otro si no te cuidas.

> Cada hombre define su propio valor... Un hombre se engrandece o se empequeñece según su propia voluntad.
>
> J. C. F. von Schiller

Pon la atención en tu propósito. **No distribuyas poca energía en muchos objetivos. Elige lo más importante. Pon los ojos en tu sueño.**

Recuerda que Charles Ames, director de Uniroyal Goodyear, dijo: «Seguir ciegamente los conceptos organizacionales que han funcionado en otras partes es una forma segura de despilfarrar talento y lograr resultados mediocres.»

No basta con vivir una vida buena, sino que vivas una vida con un propósito. Saber y conocer para qué naciste, descubrir qué debes hacer y para qué sirves.

Voy a contar una historia.

Había una vez un joven con muchas ansias de convertirse en un gran dibujante. Ese entusiasmo lo llevó a buscar empleo en diferentes periódicos tratando de vender sus dibujos.

Pero cada editor se encargó de rechazarlo aduciendo su falta de talento. A pesar de ello, el joven siguió adelante, no vaciló, poseía un ferviente entusiasmo que lo impulsaba a continuar. Después de un tiempo, un pastor protestante decidió darle la oportunidad de emplearlo para que pintara los anuncios de la iglesia.

Como no tenía un lugar propio para trabajar ni dormir, fue a parar a un viejo garaje de la iglesia. Para su desdicha o su bendición, este lugar estaba habitado por algunos roedores.

El tiempo transcurrió y un roedor se hizo mundialmente famoso por la obra de este joven. El ratón se convirtió en el más admirable roedor, querido por millones de personas y hoy conocido como Mickey Mouse, y el joven artista era Walt Disney.

Cuando sepas cuál es tu propósito, no importa que hayas nacido en una humilde casa o que estés al lado de gente que no reconozca tu valor, a pesar de las circunstancias que atravieses vas a seguir adelante y no pararás hasta ver el propósito cumplido en tu vida.

> Existe una relación directa entre lo que sabes y conoces de ti mismo, de tu autoestima, con el resultado que obtengas.

Si tu vínculo con el mundo es cordial, recibirás ayuda y cooperación a cambio; si tu vínculo es agresivo seguramente no encontrarás respuestas.

Quita de tu vida todas las máscaras, sean las que te pusiste o te impusieron, solo de esta forma recuperarás tu individualidad. Luego, elabora proyectos y persigue tu propósito. Es necesario que lo descubras. ¿Te imaginas a Ghandi, Martin Luther King, Bill Gates, la Madre Teresa, Lutero, Juana de Arco, Da Vinci, Beethoven... como vendedores o cocineros? ¿Quién hubiera escrito la parte de la historia que les pertenece? Nadie, porque nadie habría podido cumplir sus propósitos. A ti te corresponde cumplir el tuyo.

Y para conocerlo debes trabajar, prepararte, entrenarte y esforzarte.

> El mejor uso de la vida es utilizarla en algo que dure más que ella.
>
> **William James**

Y para conectar tu vida a tus sueños, necesitas ser una persona con un destino. Todo lo que domino, me domina. De lo que me adueño, esto se adueña de mí. Aduéñate y sé uno solo con tu propósito.

Veamos otra historia.

En un lugar hermoso del universo vivía un niño llamado Propósito que anhelaba crecer y conocer otros mundos. Propósito pasaba todo el día jugando entre las nubes, allá en lo alto.

Hasta que se dio cuenta de que no crecía como sus amigos y empezó a sentirse más débil, y poco a poco perdió las ganas de jugar. Un día, Dios, desde el cielo, al ver a su querido hijo Propósito tan débil, envió un mensajero en su ayuda.

El mensajero llevaba consigo un maletín muy especial que contenía alimentos para fortalecer y hacer crecer a Propósito. Desde el mismo instante en que el mensajero llegó, Propósito comenzó a sentirse mejor, ya que cada día se alimentaba mejor. Entre sus comidas había caldos de constancia con fuerza, platos nutritivos de voluntad y trabajo, postres de paciencia, fantásticos zumos de decisión. Y lo más importante: lo trataban con mucha confianza y por encima de todo con amor.

Propósito creció y creció. Y llegó a dejar de ser Propósito para convertirse en Sueño. Y claro... siguió jugando, pero ya no entre las nubes sino aquí en la tierra. Conoció otros mundos como la Felicidad y la Satisfacción. Un día, no muy lejano, Sueño dejó de ser Sueño y se transformó en Realidad...

2. ¿PARA QUÉ SIRVEN LOS PLANES?

a. Diferencia entre propósito y plan

Propósito es tu sueño, la meta que tienes que alcanzar y para la cual tendrás un plan, un diseño de oro, una estrategia que te acercará a ella. ¿De qué te sirve tener un sueño —ya sea tener tu coche, una casa, un mejor sueldo, un cargo, una posición— si no sabes cómo alcanzarlo?

No es suficiente con vivir diciendo: «Yo declaro que voy a tener este cargo», «Yo declaro, declaro...». Hace falta tener un plan, un diseño. *El problema es que hay gente que confunde propósito con plan.*

> El propósito es tu sueño y el plan es cómo lo vas a alcanzar.

Si mantienes tus ojos en el propósito, no importa que los

planes fallen, siempre habrá un nuevo plan. Una mente planificadora y estratégica te posibilitará urdir todos los planes necesarios para lograr tu sueño y tener bien claro tu propósito. El propósito nunca se pierde aunque los planes cambien.

b. Desarrollo de un plan

Los acontecimientos se suceden minuto a minuto, y tu realidad y tu plan también pueden cambiar.

Gobiernos que caen, otros que suben; bombas que destruyen territorios enteros, vacunas que surgen tras largas investigaciones, incidentes por cambios climáticos, un nacimiento, un duelo... Todos esos sucesos constituyen una realidad que implica un cambio de planes, y con ellos nuevas posibilidades y nuevas situaciones por resolver.

Primeramente, para comenzar a realizar tu propósito, tu sueño, y poder alcanzarlo con éxito, tienes que tener un plan para lograrlo, y luego desarrollar un sistema de hábitos que te posibiliten alcanzarlo.

Si te aferras al plan y este no funciona, te paralizas; pero si solo eres fiel a tu meta y a tu sueño, podrás cambiar la estrategia de tu plan y volverás a sumirte en él con nueva pasión y fuerzas renovadas.

Lo importante es saber que si hay un sueño, un proyecto, siempre habrá un plan para cumplirlo y conquistarlo. Si te sientes mal con tu plan, puede que este no sea el correcto; no te preocupes, no hay nada malo en ti. Seguramente necesitarás cambiar de plan o estrategia, no de sueño ni de propósito.

El plan te posibilita la oportunidad de cambiar. Solo puedes cambiar lo que conoces.

El plan lo estableces de acuerdo con las metas por alcanzar. Si no tienes un plan, vas a la deriva.

Cuando tomas el autobús, el conductor tiene un plan de la ruta que sigue; cuando tomas un avión, el piloto tiene un plan de vuelo, no va por donde quiere o por donde siente.

> **Necesitas un plan para cada área de tu vida.**

Todos tenemos que tener un plan para conquistar nuestro sueño, pero no te enamores de él, y mucho menos permitas que te cierre la mente.

Tienes tiempo, vida y oídos para escuchar y darte cuenta de los diversos ajustes que quizá necesite tu plan. Y una vez que lo tengas preparado debes ser flexible. ¡No te enamores del plan, enamórate del sueño hasta que lo hagas realidad!

c. «Todos opinan que...»

¡Nunca permitas que nadie estropee tu plan! Tienes que juntarte con gente que te dé ideas y recursos para completarlo.

Lo que respetes se te acercará y lo que no respetes se alejará. Por eso necesitas estudiar, prestar atención a los que ya conquistaron sus sueños, a todo lo que te consolide y te acerque a tu objetivo.

Cada palabra de bendición que recibas, cada conocimiento que adquieras, cada libro que leas, cada estrategia que formules, serán para hacer crecer tu plan.

Pero a mucha gente no le gusta hacer planes, le gustan solamente los milagros. ¿Sabes por qué? Porque los planes te desafían y te sacan de la comodidad y el conformismo. Tu vida no está diseñada para que vivas esperando que caiga algo del cielo, ni para que estés entretenido; vives para ser desafiado con propósitos y planes.

3. HÁBITOS DE TRABAJO

Los viejos hábitos y las viejas normas y formas de funcionamiento limitan la innovación, el progreso y el éxito en tus resultados. Todos los métodos, rutinas y estructuras que vienes utilizando y que hoy no te sirven, pero que mantienes por inercia (por el solo hecho de que en algún momento te sirvieron), te harán malgastar tiempo y energía. No estoy hablando de romper todo lo que existe, sino de darte la posibilidad de establecer nuevos procedimientos y hábitos para no permanecer en un medio que ya no te da utilidad ni resultados.

Desde el momento en que tienes el sueño hasta el momento en que se hace realidad, existe un tiempo de proceso y preparación, tiempo en el cual es necesario que desarrolles hábitos que faciliten el acercamiento a tu objetivo.

En este tiempo de preparación tu carácter va a ser entrenado a través de los hábitos que adquieras. Necesitas pasar por esta etapa, porque si recibes el sueño antes de estar preparado, seguramente lo perderás enseguida. Una persona que no está preparada no hace lo correcto.

> Los buenos hábitos de trabajo y las correctas actitudes que asumas te facilitarán el camino hacia la meta.

Para comenzar a hablar de los hábitos vamos a definir qué significa este concepto. Hábito es el estado o disposición que se adquiere mediante el entrenamiento o repetida ejecución de ciertos actos.

- Aristóteles define los hábitos como aquello en virtud de lo cual nos comportamos bien o mal respecto de las pasiones. El hábito predispone a un sujeto para la realización perfecta de una tarea o actividad.

- Según Hume, el hábito o costumbre es una disposición que se crea en la mente a partir de la experiencia reiterada de algo. Estos hábitos a los que se refiere no son hábitos del cuerpo sino de la mente, y se consolidan por la repetición de un acto, repetición que produce una disposición a renovar el mismo acto.

El escritor Stephen R. Covey desarrolla en su libro *Los siete hábitos de las personas altamente efectivas* siete hábitos fundamentales a desarrollar:

- Ser proactivo.
- Empezar con un fin en mente.
- Primero lo primero.
- Pensar en soluciones mutuamente beneficiosas.
- Procurar primero entender y después ser entendido.
- Sinergizar.
- Aplicar innovación y mejora continua.

Y los beneficios de estos hábitos son los siguientes:

1. Potenciar la capacidad de la persona para abordar el cambio.
2. Fomentar que las cosas más importantes se hagan primero, y alentar la eficacia directa.
3. Incrementar la confianza.
4. Alentar la resolución de conflictos, y ayudar a cada persona a buscar el beneficio mutuo, potenciando el impulso del grupo.
5. Incrementar la productividad y calidad de su trabajo.
6. Fortalecer las relaciones en todos los niveles.

7. Fomentar las mejoras continuas e impedir la falta de productividad.

Y para el mejor desarrollo de tus hábitos existe un grupo de técnicas que te facilitarán alcanzar tu objetivo eficazmente y sin perder tiempo.

a. Técnica del A B C D

- Trabaja cada día todo sobre papel.
- Diez minutos de planificación te ahorran cincuenta de ejecución.
- Cada minuto invertido en la planificación supone un ahorro de cinco minutos en la consecución del objetivo.
- Planifica mensualmente, semanalmente y diariamente cada tarea. Cada vez que comenzamos un nuevo día tenemos que planificar qué vamos a hacer.

Escribe todo lo que tienes que hacer en una hoja, márcalo, y cuando tengas la lista preparada, usa la técnica del ABCD:

A. Importante
B. Debería hacerse
C. Agradable
D. Delegar

Realizar primero las tareas más importantes es fundamental para nuestra existencia. Por eso una buena pregunta para hacernos cada tanto es la siguiente:

> Es mejor invertir tiempo en ver qué vamos a hacer que dejar que el día se nos eche encima.

¿si tuviese un año de vida estaría haciendo lo que estoy haciendo hoy?

b. ¿Cuáles deben ser tus hábitos?

- Para comenzar, prepara previamente en tu escritorio todas las cosas que necesites.
- Un escritorio ordenado da una imagen positiva y motivadora.
- Planifica: dispón diez minutos al comienzo de la jornada para planificar qué vas a hacer.
- Trabaja en las actividades de mayor valor, las que puedas desarrollar solo; las que, si las haces bien, marcarán una gran diferencia.
- Comienza con las tareas de mayor importancia, dividiendo el día en bloques de quince minutos. Recuerda que cada actividad planificada te ahorrará diez minutos en la ejecución de la misma.
- Trabaja siempre con una lista: cuando aparezca algo, anótalo; y una vez que lo realices, táchalo. Ese será tu listado maestro. Pero avanza con una tarea por vez.
- Realiza todas las tareas similares conjuntamente, por bloques de tiempo. Ejemplo: llamar a todos durante un período de treinta minutos, mandar todos los e-mails durante otro período de treinta minutos, etcétera.
- Confecciona tu lista en bloques de treinta o sesenta minutos. Esta es la ley de la pirámide: construir piedra por piedra. Trabaja un poco más del horario establecido...
- Comienza siempre por la tarea más difícil, por la que menos te gusta. Identifica cuál es el momento del día en que más rindes y dedica ese tiempo a las cosas más importantes y urgentes.

- Antes de terminar tu jornada, ten claro qué harás al día siguiente y establece prioridades.

c. Problemas de administración y disciplina

• Ser impuntual.

Tenemos la impuntualidad metida hasta el tuétano. Es una característica de muchas sociedades.

• Faltar al trabajo.

Especialmente hacerlo sin avisar te perjudica en todas tus relaciones.

• Posponer.

La gente que se distingue por su excelencia sabe que hay que hacer las cosas en el momento, sin dejar pasar el tiempo. Tenemos que ser personas activas.

• Ser mediocre.

Procura la excelencia en todo lo que hagas.

• Tener sobrecarga de trabajo.

Alguien dijo: «Tenemos que vivir ocupados, ser más productivos, pero nunca acelerados.»

• Ser inconstante. Un mes sí, otro no...

• Ser descuidado.

Dale a cada cosa la importancia que merece, pero recuerda siempre hacer lo importante.

Observa si algo de esto te sucede en el momento de ponerte a trabajar:

1. Mala organización.
2. Sobrecarga.
3. Empezar y no terminar ninguna cosa.
4. Impuntualidad.
5. Mediocridad.

6. No tener agenda.

7. Desorden de papeles.

Todo esto se puede mejorar con simples cambios de actitudes y hábitos:

> Si no tienes metas pierdes la pasión, y si no tienes pasión te has vendido a ti mismo.
>
> Phillip McGraw

1. Planificar el día.
2. Delegar.
3. Hacerlo y terminarlo.
4. Hacerlo ya.
5. Anotar todo.
6. Tirar todos los papeles que no te sirven.

4. TÉCNICAS SENCILLAS PARA ADQUIRIR BUENOS HÁBITOS DE TRABAJO

1.ª Técnica: Más productivo

Mi meta no es trabajar más sino ser más productivo. Hay que ser sabio y trabajar inteligentemente.

2.ª Técnica: Ocupado pero no acelerado

No permitas que la ansiedad te domine, ya que desgasta tu mente y te quita fuerzas.

3.ª Técnica: Utiliza tus habilidades

Usa tu don predominante. En el libro *El mito de la excelencia,* el autor llegó a la siguiente conclusión después de investigar más de dos mil empresas: «Las grandes empresas no tratan de ser excelentes en todo, sino de sobresalir en lo que mejor hacen.»

Pon todas estas técnicas, todos tus planes, todos tus propósitos, todos tus sueños, en acción. «Nunca sabrás todo lo que puedes hacer hasta que empieces a hacerlo.» Quizá tu pensamiento te diga que lo que tienes es poco, pero no lo comprobarás hasta que pongas manos a la obra.

RESUMEN

No escuches las voces que se levantan, trabaja en lo tuyo y actúa. Mientras no te metas en tu sueño, este no se hará realidad.

Nada ocurrirá hasta que no hagas algo: ¡acción!, ¡acción!, plasma gráficamente la confesión de tu sueño.

Hacer cualquier otra cosa te haría vivir sin sentido, en una rutina permanente, sintiendo desgana, frustración y tristeza.

Necesitas tomar el control de tu vida. Ese control que viene de conectarte con tu ser interior, con tu espíritu. Por otra parte, ten en cuenta todo lo que hiciste hasta ahora y proyéctate para todo lo que está por venir.

Conéctate con la gente indicada, confía en ti mismo, camina con seguridad. Podrás tener el control de tu futuro si tu propósito está claro en tu mente y tu espíritu. No te preocupes por lo que no vale la pena, solo ocúpate de lo más importante. Edifica tu vida sobre la roca, sobre fundamentos sólidos.

Habla bien de ti mismo, usa palabras grandilocuentes: maravilloso, excelente, próspero, abundante. Di bendiciones de ti mismo.

> No ocuparte de tu vida te hará sentir que estás caminando en la dirección equivocada, porque nunca llegas a destino.

Eres igual al mejor, no eres menos, eres igual.

La bendición ya está dentro de ti; pueden quitarte riquezas, personas y trabajo, pero la bendición ¡no!, nadie te la puede quitar. Además, el motivo de tu vida es tuyo y de nadie más. Conocer tu propósito te llevará a una vida de pasión y entusiasmo.

Estás preparado para desarrollarlo: tu cuerpo, tu alma, tu mente y tu espíritu están a tu disposición, solo tienes que usarlos.

6

CREADO PARA RESOLVER PROBLEMAS

No hay nada que sea un signo más claro de demencia que hacer algo una y otra vez y esperar que los resultados sean diferentes.

ALBERT EINSTEIN

Quizás, en el camino a la realización de tu sueño, te encuentres con determinadas dificultades o problemas. Pero no te asustes, tu naturaleza te capacita para resolver cualquier situación.

Estás capacitado para resolver problemas de todo tipo; el obstáculo aparece cuando queremos resolverlo de una sola forma, con una única solución, pensando en la forma en que lo harían los demás.

Y lo que sucede es que aquello que al otro le sirvió, puede que a ti no, y entonces estarás ante un conflicto.

> Tu potencial, tu capacidad, tu actitud, tus dones y tus talentos harán posible que encuentres solución a tus problemas. Solo necesitas buscarlos y aplicarlos.

Tu pregunta debe ser: ¿cómo voy a hacer **yo** para resolver mi problema...?

Después de formularla, seguramente encontrarás diferentes formas de solucionar tu dificultad.

1. LA SOLUCIÓN ESTÁ EN TU INTERIOR

Cuando estés ante un problema no debes eludirlo, taparlo, ni ponerlo debajo de la alfombra.

Tampoco se trata de desarrollar un sistema de pensamiento positivista y repetirte «no tengo problemas, no tengo problemas», porque esta actitud lo único que hace es adormecerte la mente.

Los problemas no hay que negarlos: hay problemas gigantes, pero no debemos temerles, sino buscar ideas de oro para derribarlos.

David venció a Goliat, a su problema, con una honda; «el nivel de tu problema es el nivel de tu victoria».

Y el tamaño de tu gigante también será el tamaño de tu victoria. David venció a Goliat y se hizo rey; tú, ¿cómo vas a derribar al tuyo?

La forma de vencer tus conflictos será diferenciándote del pensamiento común, del pensamiento de la masa. **La gente exitosa logra sus objetivos porque piensa diferente del resto y se anima a ir más allá de lo que el común de la regla le impone.**

> La mayor dificultad no está en el problema, sino dentro de ti, en tu pensamiento limitado y en tu sistema de creencias erróneas.

«La verdad no es no tener problemas, sino tenerlos y superarlos.»

Si no eres capaz de resolver una dificultad, seguramente estarás prisionero de reglas y sistemas de pensamientos obsoletos. Sucede que la mayoría de las veces no somos conscientes de las mentiras que nos creemos.

Henry Ford hizo fortuna con la producción masiva de idénticos y prácticos coches modelo T, pero casi pierde todo ese dinero por culpa de la regla que él mismo había establecido para la fabricación del coche. La competencia salió al mercado con innovaciones y otras alternativas en los nuevos modelos, y Henry Ford perdió su posición como el mejor del mercado por seguir fabricando siempre el mismo modelo T negro.

Tenemos que revisar nuestra mentalidad para cambiar nuestro sistema de creencias y realizar cambios profundos.

Tenemos que corregirnos, porque lo que creamos como verdad o como mentira determinará nuestra calidad de vida.

Cuando estés listo para salirte de las normas preestablecidas y los sistemas de creencias erróneos, serás capaz de resolver cualquier problema que se te presente.

La creatividad te hará descubrir nuevos métodos, nuevas alternativas posibles y te acercará a la solución de los problemas. Además, ser creativo te permitirá ver soluciones donde otros no las encuentran.

La persona creativa y creadora de soluciones no se queja, actúa. La creatividad no tiene límites, va más allá de todo concepto y no usa preconceptos establecidos.

Lo que ya sabes y ya usaste

> La mente no creativa puede descubrir respuestas erróneas, pero solo una mente creativa puede descubrir preguntas erróneas.
>
> Anthony Jay

no es creatividad, es solo conocimiento ya aplicado para otros problemas. Usa todo aquello de lo que dispones para liberar la imaginación. «Si quieres ser más creativo, olvida lo que sabes», dijo Ernie J. Zelinski.

«Creatividad» no significa «conocimiento». «Creatividad» no es sinónimo de «ser universitario», sino de poner todo tu potencial a generar nuevas ideas y posibles soluciones. A la creatividad se la elige como forma de vida.

Stephen Leacock dijo: «Personalmente, hubiese preferido escribir *Alicia en el país de las maravillas* que toda la *Enciclopedia Británica*», y con respecto al mismo tema Einstein señaló: «La imaginación es mucho más importante que el conocimiento.»

E. J. Zelinski señala cuatro grandes ladrones de cerebros:

• La sociedad.
• Las instituciones educativas.
• Las organizaciones.
• Nosotros mismos.

La creatividad va más allá del conocimiento; lee detenidamente estos ejemplos:

a) El logotipo de Coca-Cola fue diseñado por un contable que no tenía ni idea de arte.
b) Samuel Morse, un artista, inventó el telégrafo.
c) Los hermanos Wright inventaron el aeroplano. Ninguno de los dos era ingeniero aeronáutico.
d) El bolígrafo con la punta de bolilla lo inventó un escultor.

La creatividad te hará ver los problemas desde diferentes ángulos desde los cuales jamás te los hubiera permitido ver el conocimiento adquirido.

No te conformes con lo que conoces. ¡¡Prográmate para más, sal de la zona de confort y anímate!!

Lo que sucede es que la mayoría de las personas eligen lo más cómodo, lo más fácil, lo que les demande el menor esfuerzo, sin saber que usando lo mínimo nunca llegarán a lo máximo, a la cumbre, a la meta, al éxito.

> La conformidad es el carcelero de la libertad y el enemigo del crecimiento personal.
>
> John F. Kennedy

Encontrar soluciones requiere esfuerzos, pero vale la pena. No te limites ni te conformes con lo que ya has conseguido. ¡¡Esfuérzate y no desmayes a mitad del camino!!

En tu interior está el kilómetro extra que necesitas para seguir. Ser un generador constante de soluciones te posibilitará estar un paso adelante de los futuros cambios.

Saca a la luz todo lo que tienes, de otra forma no te servirá y se echará a perder.

Ni la magia, ni la suerte, ni los ángeles ni la adivinación te llevarán a la solución del problema, sino toda la creatividad y el potencial con que fuiste creado.

Con esto, no quiero decir que el conocimiento no es importante, sino que habrá momentos en que la imaginación, la creatividad y el potencial que aún no han salido de ti deberán ser puestos en marcha para generar nuevas y eficaces soluciones.

¿Cuántas posibles soluciones fuiste capaz de generar ante diferentes situaciones dificultosas que tuviste que atravesar?

Una, dos, quizá tres... Lamento decirte que no son las necesarias. La capacidad creativa de un individuo no tiene límites para generar respuestas. Confía en ti mismo, eleva tu estima, asume riesgos, determina lo que eres y crearás todas las soluciones posibles para los desafíos que encuentres en tu camino.

La solución de tu problema dependerá de que tu mente sea capaz de sacar todo el potencial que permanece dormido en tu interior.

¡Innóvate!, créate una y otra vez, no copies, cambia planes, estrategias que ya no sirven. No eres una fotocopia, ¡¡eres un original!!

> El pensamiento creativo no es más que sentido común, la capacidad de poner las cosas en tela de juicio y luego actuar comprometidamente.
>
> J. Zelinski

No importa los que quedaron en el camino, tú sigue adelante. De ese modo, lo que antes pensabas que era tu problema, se va a transformar en tu fortaleza.

Lo que sucede es que siempre viviste y viste tu problema como una traba para lograr tus objetivos y, sin embargo, hoy descubres que «tu problema no es un muro, sino una puerta que se abrirá en determinado momento para que accedas a un nuevo nivel de éxito».

Las ideas de avanzada, de progreso, de resolución y de éxito son puestas en marcha por gente que no es del montón, por individuos que se diferencian del pensamiento generalizado y, precisamente debido a eso, alcanzan el éxito. Ellos se animan a derribar fortalezas mentales y patrones de conductas que ya no sirven.

Los cambios te están permitidos

Robert Kiyosaki rompió con el sistema de pensamiento que decía que para ser una persona próspera había que estudiar, ir a la universidad, tener un buen empleo, ahorrar por lo que pueda pasar, y el resto gastarlo. Este hombre se animó a rechazar este rígido sistema de pensamiento típico de la clase media y optó por un pensamiento distinto: «Para ser rico tienes que invertir, saber qué es un activo, un pasivo...» Kiyosaki descubrió un patrón de conducta totalmente distinto del que se tenía. Se atrevió a romper las reglas impuestas y heredadas por la familia y la sociedad. Y triunfó. ¡¡Porque el éxito no depende ni de tu edad, ni de tu educación: depende de tus pensamientos!!

Como individuos estamos acostumbrados a funcionar con lo que ya fue creado, a no desafiarnos a nosotros mismos con nuevas ideas revolucionarias.

Einstein decía: «Los problemas significativos que afrontamos no pueden ser solucionados en el mismo nivel de pensamiento en que estábamos cuando los creamos.»

Por todo esto, antes que nada, debes preguntarte: «Y ahora, ¿qué hago con este problema?»

Las que siguen son algunas pautas útiles para desafiarlo.

Primera pauta: Identifica el problema

Para poder resolver el problema, lo primero es identificarlo. Eso es lo esencial. Es necesario ver el problema para luego ver la solución.

Al tomar contacto con el problema, seremos capaces de generar diferentes alternativas, analizarlas y luego ejecutarlas.

> Un problema bien planteado es un problemas medio resuelto.
>
> Charles F. Kettering

No habrá respuestas si no formulamos las preguntas necesarias que nos lleven a su resolución. Cuando descubramos la raíz de lo que dificulta alcanzar el objetivo, seguramente surgirá la solución.

Identificar el problema te centrará en la creación de nuevas ideas y estrategias para solucionarlo.

Segunda pauta: Anótalo

Quizás estés pensando: «Este problema ya lo conozco», pero no es así como llegarás a la solución. Los problemas deben registrarse por escrito para poder conseguir ideas y soluciones exitosas. Debe comprenderse por qué hay que solucionarlos. Muchos de ellos siguen siendo problemas no por falta de soluciones, sino por falta de esfuerzo para solucionarlos.

Prestarles la atención necesaria te hará generar ideas para resolverlos. Tu mente y tus pensamientos tienen que estar orientados a este fin, a buscar una solución. Recuerda: no existen problemas sin soluciones.

Escribe tu problema y asígnale una puntuación de dificultad. De acuerdo con esa puntuación, verás si realmente se trata de *un problema que necesita ser resuelto inmediatamente o puede esperar, y la razón por la cual debes resolverlo.*

> Un hombre tiene siempre dos razones para hacer lo que hace: una buena y otra auténtica.
>
> J. P. Morgan

Visualizarlo gráficamente te ayudará a pensar regularmente

en este momentáneo obstáculo y a formular diversas soluciones. Permítete crear distintas alternativas de ejecución que puedan ser aplicadas en la resolución del problema.

Como se ha dicho en otro capítulo: «No te enamores del plan, y tampoco te enamores de la solución.» No importa si te equivocas, al contrario, significará que estás en el camino correcto, en el de las nuevas ideas.

Tercera pauta: Simplifica tu problema

*Hacer de tu problema un problema mayor te traerá inconvenientes. No lo dimensiones. **Todo tiene solución**.*
Reduce tu problema a una categoría menor, a parámetros que puedas manejar y controlar. Pon toda tu voluntad en la resolución de este problema ahora menor, y piensa que esta momentánea y leve dificultad tiene solución. Abre tu mente, usa todo tu potencial y tendrás una nueva perspectiva de lo que considerabas **el gran problema**.

Einstein era un hombre que simplificaba sus problemas. Al principio desarrolló la Teoría de la Relatividad aplicándola a un grupo sencillo de casos. Y trabajar en un problema sencillo lo ayudó a desarrollar ideas que hicieron posible una teoría más general. En otras palabras, simplificar el problema es esencial para su solución.

Cuarta pauta: Cambia de estrategia

Abraham Maslow dijo: «Cuando la única herramienta que posees es un martillo, cada problema empieza a parecerse a un clavo.»

Cuando cambias los métodos de resolución del problema, también cambia el pensamiento acerca de él. Quizá se-

> La necesidad es la madre de la invención.
>
> Platón

guir insistiendo en estrategias y planes que venías aplicando sin éxito no te permitía ver otras posibles soluciones.

Observa tu problema desde otro punto de vista o desde un lugar distinto del que lo venías haciendo. Ahora, desde ese lugar, ¿cómo ves el problema?, ¿continúa presentando el mismo grado de dificultad?, ¿qué nueva y posible solución le ves ahora?

Nuevas estrategias y nuevos métodos te acercarán y te llevarán a los resultados exitosos.

Quinta pauta: Vale equivocarse

Las convicciones son enemigas más peligrosas de la verdad que las mentiras. Esto significa que una idea equivocada termina siendo creíble si es aceptada por todos. Y por tanto, poder cambiar una idea te acercará a la solución del problema. Los errores son necesarios para generar nuevas ideas.

«Quien nunca ha cometido un error jamás ha intentado nada nuevo», escribió Einstein. Conserva las ideas rechazadas, ¡quizás en el futuro puedas usarlas!

Sexta pauta: Solución del problema

Para solucionar tu problema, primero tienes que creer que eres capaz de resolverlo y luego actuar.

Quizás una idea pueda parecer tonta en un primer momento, pero luego puede servirte. Nunca la descartes, tenla en cuenta. También es una idea.

Escribe todas las ideas que tengas. Tu inteligencia no tiene límites. Puedes convertir una idea en principio no tan buena, en una idea de oro que dé resultados inesperados.

Cuando rompas tus límites, surgirán muchas ideas, algunas buenas y otras malas. Pero entre tantas, encontrarás la solución.

Una idea nueva, diferente y distinta de las anteriores, podrá traer nuevas y diversas soluciones.

> Cuantas más ideas tengas, más posibles soluciones tendrás. Una de ellas será la idea de oro que traerá la solución a tu problema.

Y para generar ideas nuevas y diferentes es necesario que rompas tus paradigmas.

2. ROMPE TUS PARADIGMAS

¿Qué es un paradigma?

Es una manera de pensar, una estructura mental, una filosofía de la vida, es lo que uno piensa sobre un tema.

Por ejemplo, cuando dices «yo soy así», «yo soy depresivo, melancólico» o «yo soy impulsivo porque vengo de familia de italianos», esto es un paradigma, una explicación, una estructura mental, una manera de pensar, un modo de ver el mundo.

Todos tenemos paradigmas, todos pensamos algo sobre algo. Por ejemplo, el rol de una mujer en la casa, el paradigma de lo que tiene que hacer un hombre, de cómo criar a los hijos, todos son paradigmas, esquemas mentales, y **el problema de los paradigmas es que se vuelven rígidos.**

Uno dice: «Esto es así y asá y punto.» Y cuando alguien

viene y presenta otro paradigma, otra forma de ver las cosas, uno lo rechaza, y dice: «No, no y no.»

El paradigma nos limita, lo que crees se mueve dentro de ese cuadrado y si alguien viene y amenaza tu manera de pensar no lo aceptas. ¿Por qué? Porque el paradigma te da *confort, conformismo,* que es aceptar la situación en que te encuentras sin creer que puede haber algo mejor. El paradigma dice: «Esto es lo mejor para mí y nadie me lo cambia.»

El paradigma se resiste al cambio.

Cuando alguien propone un cambio que choca con tu manera de pensar o tu filosofía de vida, o tu manera de ver las cosas, el paradigma se resiste al cambio.

¿Cuál es la percepción de ti mismo?

Si dices: «no puedo», «no sé», «no tengo», «¡para mí es muy difícil!», esa convicción debe ser contradicha. **Ese es tu paradigma**.

Por ejemplo, en su momento nadie aceptaba ni estaba de acuerdo con los proyectos de Cristóbal Colón. ¡Ese hombre tenía a todos en su contra! Los demás creían que no se podía llegar a Asia por el oeste, pero él se animó a desafiar ese paradigma y defendió su idea. Decidió no aceptar viejos conceptos erróneos y descubrió un nuevo continente.

Otro ejemplo es el pueblo judío y sus costumbres en la antigüedad. Ellos no podían hacer nada el sábado, ni ayudar ni sanar a nadie. Pero aparece en escena Jesús y rompe este muro mental sanando en un sábado. Jesús fue un hombre que rompió todos los paradigmas anquilosados de aquella época y por eso fue seguido por multitudes.

3. EL PODER DE LAS DECISIONES

Decisiones equivocadas

Cuando una persona no resuelve sus conflictos interiores siempre tomará decisiones equivocadas.

1.º Una mala decisión es aquella que está basada en la fantasía

Si ante una decisión no piensas, sino que imaginas y decides por la imaginación, la decisión que tomes será errónea.

Por ejemplo, un muchacho le dice a una chica: «¿Te apetece tomar un café?», y esa chica ya oye los compases de la marcha nupcial, se ve entrando en la iglesia con el vestido de novia, piensa cuántos hijos va a tener, etcétera. Pero el muchacho solamente la ha invitado a tomar un café. Y sin embargo un café en la mente de esa chica, guiada por la fantasía, es equivalente a una boda y una vida en común.

> Hay gente que no piensa con la cabeza, sino con la imaginación. ¡Grave error!

2.º Una mala decisión es aquella que está basada en mis conflictos

Hay gente que tiene conflictos no resueltos y eso la motiva a decidir mal. Por ejemplo: puedes salir con veinte hombres distintos, pero sigues teniendo el mismo problema. Dejas uno y eliges otro peor que el anterior, como ocurre en el caso de las mujeres maltratadas. De todos ellos reciben engaño y violencia, y luego se preguntan: «*¿Por qué siempre me pasa esto a mí...?*»

Esto se debe a que esa persona tiene un conflicto más profundo que se llama **miedo al abandono**. Un conflicto más profundo que se llama **adicción a la gente**. Mientras no sanes tus conflictos, siempre te empujarán a decidir equivocadamente.

Por ejemplo, si eres una persona resentida, vas a decidir en función de tu resentimiento. Si eres una persona llena de odio, vas a decidir en función de tu odio. ¿Cuántas decisiones hemos tomado basadas en nuestros conflictos no resueltos?

3.º Una mala decisión es aquella que está basada en lo que dice la gente

Hay gente que toma decisiones basadas en las opiniones de los demás. Nunca des la razón a personas equivocadas y confundidas. Solo ponte de acuerdo con gente que tenga tu misma meta.

4.º Una mala decisión es aquella que no se planifica

Hay gente que decide sin pensar, sin evaluar los riesgos y consecuencias de sus acciones. Debes ser una persona emprendedora, pero respecto a hechos evaluados y estudiados.

Decisiones correctas

¿Cómo tomar decisiones ganadoras?

Teniendo una mentalidad orientada hacia tu éxito

Las personas con mentalidad de éxito son aquellas a quienes nunca escucharás decir «no se puede» o «imposible», porque su mentalidad está orientada a la resolución de los problemas, hacia la multiplicación de sus sueños y logros.

> **Lo urgente nos lleva al estrés; lo importante y planificado, a los objetivos.**

Teniendo una mentalidad orientada a superarte a ti mismo

Si quieres tomar buenas decisiones, has de romper tus propias marcas, superarte a ti mismo. No necesitas competir con nadie porque no tienes que ganarle a nadie, tienes que ganarte a ti mismo.

Teniendo una mentalidad orientada a la paternidad

Necesitas un mentor, alguien que esté delante de ti en la carrera y pueda guiarte. Nunca le preguntes a alguien que esté *detrás de ti* en la carrera, porque este necesita ayuda.

Tienes que buscar a alguien que esté *delante de ti*. Y ese alguien es aquel que ya cumplió su sueño, tienes que descubrir dónde está, pagarle una cena y aprender de él.

Ahora bien, ¿cómo somos nosotros? Normalmente no queremos tener un mentor porque creemos saberlo todo: cómo tener el negocio ganador, cómo tener la familia perfecta, cómo sacar el país adelante, cómo crear la selección de fútbol, en fin, todo.

Tu mentor hará que te juntes con los mejores. Nunca camines con los pendencieros, con los negativos, con los cotillas. Porque el cotilla es alguien que no tiene un sueño. Nunca pretendas vengarte de nadie, porque tu enemigo se destruirá solo.

Para resolver un problema debes romper reglas ineficaces y quebrar paradigmas establecidos que seguramente se han convertido en muros mentales que te debilitan. *«El mi-*

lagro más grande que puedes tener es cambiar tu pensa-
miento. Porque si cambias tu manera de pensar, cambiará tu
manera de vivir.»

4. DESAFÍA A TU PROBLEMA

La gente con un destino sabe que un problema es una oportunidad para crecer y un nuevo desafío. Solucionar tu problema elevará tu autoestima y te hará sentir aceptado por ti mismo. Los problemas son oportunidades, ¡necesitas sacarles provecho!

> **Las soluciones son la causa principal de los problemas.**
> Eric Sevareid

Para unos, un problema es un problema, y para otros, un nuevo reto que superar. El problema desafiará tu mente y se resistirá muchas veces, pero lo que te dará el éxito a pesar de ello es que siempre tendrás oportunidades para resolverlo eficazmente.

Tu **actitud** debe desafiar a tu problema.

«Actitud» es cómo reacciono ante las cosas que me pasan. Todos tenemos actitud, porque vivimos reaccionando a la familia, a los estímulos, a los problemas...

«Actitud» es un sentimiento interior que se manifiesta en el cuerpo, en el rostro y en la conducta.

Rockefeller dijo: «Yo pagaría más por su actitud y capacidad de llevarse bien con los demás que por cualquier otra habilidad que pueda tener.» Y agregó: «La vida de alguien es un 10 por ciento de las cosas que le pasan y un 90 por ciento de cómo reacciona a lo que le pasa.» Ese 90 por ciento es la actitud.

Todos verán tu actitud ante tu problema, porque eso es lo que muestras permanentemente. Y ella puede ser negativa o positiva. A tu actitud la llevas puesta.

El Instituto de Investigaciones de Strangford dice que el 12,5 por ciento de tu dinero proviene del conocimiento que posees y el 87,5 por ciento, de tu habilidad para tratar a la gente. Es por eso que debes recordar siempre que una mala actitud puede hacerte perder de vista la solución a tu problema. Si la base de tu actitud está equivocada, si tu actitud es negativa, todo lo que construyas se derrumbará.

«Dos cubos se encontraron en el aljibe y uno dijo: "Estoy triste porque me voy lleno pero vengo vacío." Y el otro respondió: "¡Ay! Yo estoy contento porque vengo vacío y me voy lleno." Es cuestión de actitud.»

> ¡Cuida tu actitud! De ti y de ella dependerá la solución de tu problema.

Tu actitud, tu manera de responder y reaccionar, va contigo a todas partes. Cuando te acerques a la gente, ellos percibirán tu actitud.

Si tienes una actitud de bendición, no olerás a muerte, porque el olor a vida tapará el olor a muerte que traen las dificultades y los problemas.

La actitud es lo que te llevará, a lo largo de toda la vida, a tu bendición o a tu perdición. Si tienes una actitud de maldición, la gente no se te va a acercar porque olerás mal y allá donde vayas cosecharás fracasos, porque tu actitud es de maldición.

Si no tengo actitud de bendición, todo lo que construya se caerá.

Por ejemplo, si te digo que $2 + 2 = 5$ y te doy un problema para resolver, y tu punto de partida es la premisa que te he dado, todo lo que hagas después estará mal. Porque has partido de un concepto equivocado. De la misma forma, si no tienes una buena actitud, tu pareja no funcionará, tus hijos no estarán bien y tu trabajo no prosperará, porque has empezado mal.

Es por eso que encontramos mucha gente buena con malas actitudes.

La mala actitud te puede costar el trabajo. Hay personas que han perdido su trabajo y no han logrado prosperidad económica por tener una actitud equivocada. Veamos un ejemplo.

¿Por qué los clientes dejan de ir a un negocio?

1 % porque se mueren.

3 % porque se mudan de barrio.

5 % por la ubicación del negocio.

7 % por insatisfacción con el producto.

84 % por la actitud de indiferencia mostrada por los empleados.

Hay gente que literalmente se ha muerto por mala actitud. Hay gente que se ha cuidado en las comidas, ha hecho deporte todos los días, ha dormido las horas necesarias y se ha muerto del corazón.

> La preocupación es una mala actitud que trae siempre resultados negativos.

¿Por qué? Porque durante todo el día vivían preocupados.

La queja es una actitud de maldición. Cuando te quejas, tu cuerpo genera adrenalina. La adrenalina llega a la sangre y te hace ir más rápido. También produces adrenalina cuando experimentas un gran temor. Hay gente que genera adrenalina en pequeñas dosis durante todo el día: se quejan, viven amargados, se maldicen.

Debemos elegir una actitud de vida o de muerte. Te quejas de tus hijos, te quejas de tu esposo/a, te quejas de tu trabajo, de tu país, y esto lentamente va generando adrenalina que, a gotitas, te va fulminando.

Dicen los cardiólogos: «La primera causa de los problemas cardiovasculares es la preocupación y la queja.» Los resentimientos y broncas que anidan en tu interior te matan lentamente.

Te cuidas el peso, te cuidas con las comidas y haces deporte, pero no te das cuenta de que no es lo que comes, sino lo que te come, lo que te está matando.

> Una mala actitud solo trae muerte. Si eliges bendición, tendrás vida; si eliges maldición, tendrás muerte asegurada.

Debes cambiar de actitud

La mala actitud es lo primero que necesitas cambiar. La mala actitud provoca dolor toda la vida. Quienes la sufren suelen decir que tienen miles de problemas, pero en realidad tienen uno solo: **su actitud**.

RESUMEN

¿Cómo deben ser entonces las actitudes de bendición?

• Crecer

Jigoro Kano fue el fundador del judo, el sistema de defensa que utilizaba la policía japonesa. Este hombre dijo antes de morir: «Cuando me entierren, pónganme un cinturón blanco.» El cinturón blanco en judo es para el principiante. Esta es una actitud de crecimiento.

Algunos asistimos a dos o tres encuentros y ya queremos lucir cinturón negro. A un árbol que no crece se lo denomina «muerto». A alguien que no crece se lo denomina «muerto». Si no creces, si no tienes actitud de aprender, estás anunciando tu muerte.

• Ver con otros ojos

Tu problema cambiará cuando cambies de actitud. No porque tu problema cambie, sino porque tus ojos verán las cosas de otra manera.

Cuando veas con otros ojos, verás un cartel grande que pone: «Tu recompensa, al final de este problema, ¡es éxito, bendición y prosperidad!»

• Proteger tu corazón

Muchas personas se alejan de clubes, templos y amigos porque fueron heridos, y entonces dicen: «A mí me hirió un familiar, un amigo, una pareja.» El problema no es el que te hizo daño, el problema es que no tuviste una actitud de sabiduría. Si dejas tomar el control de tu corazón a la persona equivocada, tu vida resultará dañada. Por encima de todo, protege tu corazón.

En suma, cuanto más grandes sean nuestros problemas, más grande será el ascenso hacia nuestro próximo nivel de crecimiento.

Solo si tienes una actitud de ayuda y servicio al prójimo, el éxito te perseguirá y te alcanzará.

Tú tienes las herramientas, las habilidades, las capacidades para llegar a la solución de tu problema. Gánate a ti mismo. Motívate. Desafíate y recompénsate por cada éxito que alcances. Prémiate. Extiende las estacas de tu tienda, no te quedes corto, ¡¡vales la pena!!

Cambiar de opinión está permitido, soluciones que antes habían fracasado pueden llevarte ahora al éxito. Todo cambia. Todo está en un continuo proceso de cambio, los hechos, las soluciones, todo. Las soluciones posibles también. No temas volver a intentarlo con lo que al principio no salió bien. Tu éxito vale el esfuerzo.

7

CÓMO SALIR DEL AGOTAMIENTO QUE GENERA UN MISMO PROBLEMA

> Poseer una mente vigorosa no es suficiente, el primer requisito es aplicarla debidamente.
>
> DESCARTES

En estos tiempos, la gente vive permanentemente bajo presión, estrés, agotamiento e insatisfacción, lo cual, según estudios realizados, reduce la expectativa de vida que nos corresponde hasta en catorce años.

Tanto repetimos estas conductas que nos acostumbramos a ellas, y no nos detenemos a ver qué nos sucede ni hacia dónde estamos corriendo

Si lo haces, temes quedar fue-

> Estamos inmersos en una carrera que sabemos dónde comienza pero no dónde acaba; ni siquiera distinguimos la línea de llegada ni las postas donde tomar agua y reponernos antes de reanudar la marcha.

ra del *sistema mundo*, y a nadie le gusta eso. Por lo tanto, siempre dices que sí, sin elegir, y pagas un precio por pertenecer a este *sistema mundo* dentro del cual no sabes qué lugar ocupas y qué función te compete.

Y este sistema, sin que te dieras cuenta, tomó el control de tus emociones y tus pensamientos.

No piensas, no sientes, no eres nada porque eres un objeto que «el controlador» empieza a dominar y retener, transformándolo en su esclavo. Es decir, como no tiene valor, lo controla y lo retiene.

«El controlador», sea una persona o un sistema, ve al otro como un objeto, no como un ser humano. Y como el otro es un objeto, una extensión suya, puede usarlo para su beneficio.

El controlador siempre justifica su control, y lo expone con una tesis fundamental: «La libertad del otro es una amenaza para mi vida.» Y cree que si eres libre podrás atentar contra él, pensando y decidiendo por tus propios medios.

Y como a todos y a todo terminas diciendo que sí, aceptando el rol que te han impuesto «a pesar de...», quedas agotado.

Para salir del agotamiento necesitarás descubrir realmente qué es lo que te interesa y te importa. Determinar tu presente y proyectar tu futuro. Hacer lo que es importante, lo que suma en ti, no lo que te resta o no te agrega nada.

Una mirada interior y una reorganización de metas, un cambio de hábitos y una ordenación de tus emociones, te permitirán salir del agotamiento en que te hallas inmerso. El fin de este capítulo es darte las herramientas que necesitas para decidir, elegir y actuar sin agotarte.

1. ¿QUÉ SIGNIFICA ESTAR AGOTADO?

Alguien dijo que la vida es como las cuerdas de un violín: para que produzcan sonido deben estar tensadas en su punto justo, porque si están muy flojas no suenan, pero si se tensan demasiado se rompen.

Los investigadores dicen que la enfermedad de este siglo es «el síndrome de *burn out*», llamando así a la sensación de fracaso, de agotamiento y desgaste por la sobrecarga de tensiones que sufre el individuo.

> Todos necesitamos un mínimo básico de tensión, pero cuando esta es demasiada, nos llega el agotamiento.

De esta forma, la persona siente un agotamiento total en todas las áreas de su vida: emocional, física y espiritual.

Otros llaman a esta enfermedad **el síndrome del quemado** o **síndrome del desgaste**, y se gesta en un período de uno a tres años en personas muy motivadas que, a pesar del descanso, no logran reponerse del agotamiento.

Este síndrome aparece de dos maneras:

a) De golpe: cuando uno experimenta una serie de hechos estresantes y al mismo tiempo múltiples estímulos negativos. La persona se siente como si se le hubiera caído el techo encima: se separa de su pareja, la despiden del trabajo, le roban el coche, fallece un ser querido... todo de sopetón. Entonces la persona **entra en agotamiento**.

b) Despacio: las dificultades vienen de una en una: primero una deuda económica inasumible, un mes después un problema de pareja que no se resuelve, al siguiente mes le roban la cartera con el sueldo recién cobrado, poco después pierde el trabajo, luego catea un examen importante y tiene que repetir toda la asignatura, a la otra semana le sucede otra desgracia. Entonces, lentamente, se **entra en agotamiento.**

Ahora, anímate a hacer este test, contestando sí o no, y saca la conclusión de cómo es tu estado actual.

¿Me siento frecuentemente cansado y agotado?
¿Me relaciono poco o nada con mis compañeros de trabajo?
¿Siento que hay demasiada expectativa con mi trabajo?
¿Me siento aislado?
¿Tengo dificultades en concentrarme?
¿Estoy irritable?
¿Me siento resentido y desilusionado?
¿Tengo dolores de cabeza o insomnio?
¿Soy demasiado sensible?
¿Estoy aburrido muy frecuentemente?
¿Soy muy criticón?
¿Reacciono en demasía cuando hay problemas?
¿Estoy fumando, comiendo, bebiendo y/o durmiendo de más?

Si obtienes más de tres «sí», tienes problemas de agotamiento. Y los síntomas que seguramente experimentas son algunos de estos:

Irritabilidad

Todo te enoja, te molesta. Te vuelves hipersensible, y cuando alguien grita o habla te parece oír un grito ensordecedor. Cualquier ataque es vivido como algo injusto y reaccionas exageradamente.

Físicos

Te cuesta dormir, tienes dolores de cabeza, indigestión, cansancio, pérdida de memoria y ganas de llorar.

Tolerancia baja o impaciencia

Piensas que nada te sale bien y la tolerancia desciende a niveles muy bajos.

Pensamientos negativos

Dices: «no logro nada», «al final no sirvo para nada», «todo me sale mal», «nada me sale bien», «¿para qué sigo haciendo esto si todo lo hago mal?», y cuanto más negativo te pones, más te agotas.

Aburrimiento

Vives aburrido y todo te da lo mismo.

Y todos estos síntomas te conducen a cometer dos grandes errores:

a. Tomar decisiones equivocadas
Es el error más grande que se comete cuando uno está agotado o cansado. Por eso, **nunca tomes decisiones cuando estás cansado**. Si decides presa del agotamiento, siempre vas a decidir mal.

b. Abandonarlo todo

> Nunca abandones tu meta, porque el problema no es tu sueño, sino tu agotamiento.

Este es otro error, porque cuando uno está agotado, ¿qué hace? Abandona y deja todo lo que venía haciendo. Pero lo que en realidad necesitas es «un tiempo de restauración», no abandonar tu sueño.

2. ¿QUÉ HACER Y QUÉ NO HACER CUANDO ESTAMOS AGOTADOS?

Para salir de la situación estresante en la cual estamos inmersos, debemos preguntarnos: ¿qué conductas y qué actitudes debemos tomar cuando estamos agotados?

Estudiarlas, incorporarlas y ponerlas en práctica será indispensable para superar el estado en que nos encontramos.

Aprender a descansar cada dos horas: hagas lo que hagas, cada dos horas tienes que detenerte y tomarte un té, leer una revista o hacer algo que te distraiga. Aprende a hacer un alto, porque cuanto más nos aceleramos, más nos bloqueamos. Incorpóralo como hábito de vida: cuando estés agotado para cinco minutos, y si estás muy, muy agotado, duerme y descansa. Compra el mejor colchón, el de la mejor marca; tienes que descansar bien, porque se avecinan grandes cosas para tu vida y necesitas estar descansado y preparado para recibirlas.

Habla bien de tu futuro. Al levantarte di: «este día será maravilloso», «hoy es el día de mi oportunidad», y al acostarte declara: «mañana estaré más cerca de mi éxito».

Disfruta con placer y con gozo. Cuando uno se ríe, el cuerpo libera endorfina, que es como la morfina; por eso cuando una persona se ríe, se relaja y queda contenta.

Si quieres salir del cansancio aprende a disfrutar de todo lo que tienes. Todo lo que te trae culpa es legalismo, religión y ritos. Nada de eso es necesario en tu vida. Deshazte de esas cosas, sé libre. Aprende a gozar, no importa lo que te esté pasando.

Cuando estás amargado, quejoso, resentido y negativo, tu cuerpo libera sustancias tóxicas como la epinefrina, la acetilcolina y la norepirefrina, que dañan tu salud.

Nueve de cada diez parejas que son felices y llevan muchos años de casados, relacionaron su felicidad con el humor cotidiano; *el humor activa la amistad.*

Parejas con más de treinta años de casados afirmaron que la amistad era uno de los factores de su éxito. Aprende a reírte más y a gozar con todo lo que tienes.

> Mucha gente se agota porque no sabe ni quiere delegar.
>
> *Aprende a delegar*

Aprende a decir «no» sin sentir culpa: cuando alguien te pida algo que escapa a tus tiempos **aprende a decir «no»**; cuando te pidan algo que no toleras hacer, **di «no»**; **aprende a poner un límite, aprende a cuidarte.**

3. ¿CÓMO SALIR DEL AGOTAMIENTO?

Tienes que continuar existiendo aunque los demás hayan abandonado la carrera por la mitad. El esfuerzo *part-time* nunca producirá resultados *full-time*. Tu perseverancia te llevará al éxito.

Si quieres salir de tu agotamiento, amplía tu mundo interpersonal. Si necesitas un cambio, no sigas juntándote con la misma gente de siempre, no sirve que estés con ellos para criticar y no avanzar. El desgaste es un factor que actuará en contra de tu sueño.

Tu peor enemigo, muchas veces, eres tú mismo. Tu capacidad mental necesita creer absolutamente en lo que te has propuesto hacer, a pesar del cansancio y el tiempo que te lleve realizarlo.

La consecución de tu sueño resultará de la capacidad de ver lo que anhelas tener y de la administración que hagas de tus recursos para obtener los resultados buscados, sin morir en el intento.

Administrar mal significa atacarnos a nosotros mismos

Administración es un concepto clave, ya que muchas dificultades, el estrés y el agotamiento se deben a una mala administración de nuestro tiempo, de nuestro esfuerzo y de nuestras relaciones.

Necesitamos ser excelentes administradores y organizadores de nuestros proyectos. Pon prioridades, céntrate en tus metas, detalla un plan de acción con objetivos específicos y adminístralos sabiamente.

> Revisar y evaluar principios que venías utilizando es un requisito fundamental para lograr una administración correcta que arroje resultados exitosos.

Eres el único administrador de tu vida, de tu sueño. El rendimiento y el cambio deben ser prioridades en la administración de tus objetivos: elimina los hábitos y estructuras que ya no te sirvan para tomar buenas decisiones y obtener excelentes resultados.

Debes crecer antes que tus resultados

Cuando crecen nuestros resultados y nosotros no, cuando no crecemos como personas, seguramente aparecerán los problemas. Tenemos que estar dispuestos a crecer porque lo más importante es saber **administrar nuestra vida**.

La gente que crece menos que sus resultados termina aplastada por ellos. Cuando el sueño crece más que la persona, puede aniquilarla; si los resultados crecen a mayor velocidad que tu proyecto, seguramente no vas a generar una empresa, sino un dolor de cabeza; pero si creces más que los hechos y las circunstancias, entonces tendrás todo a tus pies. La victoria te la dará no la grandeza exterior, sino la grandeza interior; porque cuando eres grande por dentro estás listo para moverte bien.

Invierte en ti, expande tu mente, amplía tus conocimientos, para que cuando tu sueño se cumpla no te aplaste; para que cuando hayas prosperado, el dinero no te maree; para que cuando las puertas se abran, no venga la soberbia.

> Cuando uno crece como persona, se debe a que ha crecido más que los resultados.

Debes tomar decisiones por convicciones

Decide no por condición o situación, no por lo que sientes, lo que te parece o gusta, sino **guiado por la verdad**.

Si te mantienes firme en medio de las pruebas, y eliges decidir guiado por la verdad porque esa es tu convicción, alcanzarás el éxito.

A la gente que sabe lo que cree le resulta más fácil decidir.

Por eso es necesario que cuando tengas que decidir te informes, te instruyas, averigües. No decidas por emociones o impulsos. Usa todas tus capacidades y siempre decide guiado por la verdad.

No te muevas ni por el alma ni por los sentimientos, ya sean buenos o no, sino por convicción, por conocimiento de causa; si lo haces así, todo te saldrá bien.

Cultivar buenas relaciones

Amplía tus relaciones. Cuanto más respetes a las personas, estas más confiarán en ti. Sé generoso, amable y agradecido con quienes están contigo.

Cuando resultes creíble no necesitarás convencer a nadie de tus sueños y proyectos, pues todo lo que hagas, lo vas a hacer con autoridad, y entonces recibirás un «plus» en todo lo que emprendas.

Aprende a hablar bien, la recepción de tu mensaje dependerá en gran medida de tu tono de voz, de tus formas de expresión, más que del contenido del mismo.

Lee detenidamente la historia que sigue.

Aprende a tratar bien a la gente porque no sabes con quién estás tratando. Tal vez esa persona mañana pueda darte trabajo o su hijo ser el próximo presidente, y, cuando necesites un contacto, aquel que respetaste podrá ser tu conexión de oro y quien te abra las puertas para tu proyecto.

Un sultán soñó que había perdido todos los dientes y mandó llamar a un sabio para que interpretase su sueño. «¡Qué desgracia, mi señor! —exclamó el sabio—. Cada diente caído representa la pérdida de un pariente de vuestra majestad.» Qué insolencia! —gritó el sultán enfurecido—. ¿Cómo te atreves a decirme semejante cosa? Fuera de aquí.» Y ordenó a su guardia que le dieran cien latigazos. Más tarde pidió que trajesen a otro sabio y le contó lo que había soñado. Después de escucharlo con atención, este le dijo: «Excelso señor, gran felicidad os ha sido reservada. El sueño significa que sobrevivirás a vuestros parientes.» El semblante del sultán se iluminó con una gran sonrisa y ordenó que le dieran cien monedas de oro.

Cuando el sabio salía del palacio, uno de los cortesanos le dijo admirado: «No es posible, la interpretación que habéis hecho del sueño es la misma que la del primer sabio; no entiendo por qué al primero le pagó con cien latigazos y a ti con cien monedas de oro.» Y el sabio afortunado dijo: «Recuerda, amigo mío, que todo depende de la forma en el decir.»

Uno de los grandes desafíos de la humanidad es aprender a comunicarse: de la comunicación dependen muchas veces la felicidad o la desgracia, la paz o la guerra.

Debes buscar muchas «vasijas vacías»

Las vasijas vacías son **ideas de oro**. Si quieres superar el agotamiento, tienes que ensanchar tu mente hacia nuevas ideas y abandonar la mentalidad unidireccional.

La mente unidireccional es aquella que dice: «si no tengo una pareja me siento solo y si la tengo me siento controlado»; «si consigo trabajo seré feliz»; «si aprueban mi proyecto...». Sin embargo, no necesitas una cosa para ser feliz, necesitas cien cosas.

Busca más ideas de las que estás teniendo, no tengas una mente estrecha capaz de decir: «es blanco o negro», «me que-

> **Tus ideas deben ser potables y susceptibles de mejoras continuas.**

do o me voy», «es sí o no», «parto o me entierro», «firmo o me muero». Alimenta una mente multidireccional que se mueva en y hacia muchas posibilidades.

Buscar la expansión en medio de la presión

«Nunca sabrás lo que puedes obtener hasta que no lo intentes; por lo tanto, inténtalo», escribió Powell.

Cada vez que una persona siente presión comienza a menguar, a querer abandonar, a desertar de la carrera que había iniciado: «dejo...», «dejo...», «dejo...», son sus expresiones, pero, en realidad, el momento en que necesitas expandirte más es cuando empiezan las presiones. Abandonar es el único camino seguro hacia el fracaso.

Expándete, expande tu mente, crece antes que tus resultados, aumenta tu nivel de exigencia, y aunque sientas que no puedes más, expándete. No achiques tu sueño, no cortes la visión, los desafíos que tenías por delante; tu fe puesta en acción desatará lo sobrenatural, y todo lo que necesites estará a tu disposición. Si hay presión es porque habrá expansión.

Y como ingrediente fundamental de un buen administrador, es necesario que sazones con sabiduría todas las acciones que emprendas.

Tener sabiduría es saber qué decir y qué hacer en cada ocasión. Necesitas sabiduría para saber cómo salir de esa situación difícil, qué decir y qué hacer. No necesitas un consejo, sino sabiduría, para que toda situación compleja se transforme en una situación exitosa.

Toda situación tiene salida

Muchas personas confunden el mal manejo de las cosas o el haber tomado malas decisiones con el destino.

Pero no es así, necesitas saber que hoy estás en determinado lugar por las decisiones que tomaste ayer y mañana estarás en otro lugar por las decisiones que tomes hoy.

Decisión es el poder que se te entregó cuando te hiciste cargo de tu propia vida. Eludirla te hará esconder la cabeza y agotarte y, sin darte cuenta, decidir mal. El silencio, el miedo y las circunstancias no son los encargados de decidir por ti. No prestes oídos a los comentarios ni a los dichos de los demás, solo evalúa los hechos, y si no son positivos, cámbialos.

> **Tu futuro dependerá de las decisiones que tomes hoy.**

La sabiduría no se aprende, se entiende. La sabiduría es el condimento esencial que no le puede faltar a las metas que diseñaste para alcanzar tu éxito.

«Paciencia» es «paz + ciencia». Lo que da como resultado «paz con ciencia».

Por tanto, cuando tienes sabiduría tienes paciencia, es decir «paz con ciencia» y «ciencia con paz».

Recuerda: todas las herramientas que necesitas ya existen, usarlas es un derecho que te pertenece.

RESUMEN

Las personas exitosas nunca culpan a los otros por su falta de resultados. Al contrario, asumen responsabilidades y aceptan cambios hechos con sabiduría para obtener los logros buscados.

Si tu administración está basada en sólidos principios y eres perseverante hasta el final, tus esfuerzos obtendrán los frutos que necesitas.

Una mayor concentración en tus objetivos principales traerá un mejor resultado en todo lo que hagas.

Las personas que logran resultados sorprendentes son aquellas que saben reponerse rápidamente del agotamiento y cambiar sus actitudes positivamente para, así, concentrarse en sus objetivos sin distraerse. La ejecución es la clave. Sé sabio, cuanto más rápido salgas del agotamiento de tus errores y de una mala administración de tus objetivos, te convertirás en un generador de nuevas oportunidades y resultados. Profundiza siempre algo más.

Tu recuperación te hará progresar más rápido. ¡Apuesta por ti mismo!

> Emprende cualquier cosa que puedas hacer o que sueñes con hacer. El arrojo tiene genio, poder y magia.
>
> Goethe

8

¿QUÉ ES «POTENCIAL» Y PARA QUÉ SIRVE?

> O nos hacemos miserables o nos hacemos fuertes. La cantidad de trabajo es la misma.
>
> CARLOS CASTANEDA

Hay gente que se siente muy bien con la forma en que vive. Los factores limitadores que provocan ese sentir son la comodidad y el miedo a afrontar desafíos y retos que les parecen inasumibles.

Por lo que se refiere a los factores limitadores, debemos comprender que siempre existe una bendición para nuestras vidas. Lo que ocurre es que todavía no la percibimos debido a que algo en nuestro interior nos lo impide.

Mientras esos factores limitadores de nuestro carácter no

> Debes descubrir cuál es el factor de tu carácter que está poniendo freno a tu potencial.

sean eliminados, no podremos soltar el potencial del que disponemos. Por ello, nosotros mismos nos convertimos en el principal impedimento para alcanzar con rapidez nuestros objetivos.

En muchas ocasiones nos encontramos diciendo: «no puedo estudiar», «no puedo ahorrar», «no puedo progresar», pero esas no son las frases correctas. Si no destruyes el factor limitador de tu carácter, con el tiempo este te destruirá.

Dentro de ti hay una semilla que aún no ha salido a la superficie y que está esperando poder hacerlo. Así pues, es necesario que descubras qué factor de tu carácter está poniendo freno a tu potencial. Este paso tiene que ser tu primera meta.

1. ¿QUÉ ES «POTENCIAL»?

Cuando la gente te mira, lo que ve es tu exterior, pero el potencial ilimitado que necesitas para alcanzar tu sueño está en tu interior.

Potencial **es la habilidad dormida, esa fuerza que todavía no te has atrevido a sacar pero que te pertenece.**

Potencial **es poder en reserva.**

Potencial es tu verdadero yo, un poder que está esperando salir y crecer.

Potencial no es lo que ya lograste, sino lo que aún no has hecho.

Tus logros pasados ya no impactan, simplemente ya pasaron, dejaron de ser potencial para ser hechos concretos. Tu potencial es tu futuro, es la herramienta que necesitas para alcanzar el éxito y liderar tu sueño.

Todo lo que libere tu potencial, todo lo que saque lo que está dormido en tu interior, eso es «trabajo». En cambio, «empleo» es lo que haces todos los días y te da un sueldo. En tu espíritu hay un hombre, una mujer, un líder que está esperando salir, pero si caminas con inseguridad y timidez nunca conseguirás liberarlo.

> Las metas, las estrategias y el trabajo para llegar a tu objetivo es lo que libera tu potencial, y tu empleo es lo que te da un sueldo.

Necesitas conocer cada fortaleza y cada virtud que poseas, porque todas ellas te colocarán en una posición ventajosa. El reconocimiento de tu propio yo te llevará al éxito.

Crea tu vida sobre tus puntos fuertes, desarrolla la autoconfianza y no mires más tus debilidades. Sé siempre tú. No te limites imitando a otros. Aprovecha al cien por cien lo que tienes, lo que conoces.

Trabaja aún más en tus fortalezas, perfecciónalas hasta hacerlas emerger y triunfar en lo que haces y deseas. Piensa: cuanto más ames lo que haces, mejor lo harás.

> En primer lugar, debemos descubrir cuáles son nuestros dones y talentos y desarrollarlos. Es mejor ser un experto en un solo tema que mediocre en todo.

Debemos tener claro hacia dónde vamos, para no entretenernos en el camino con cosas que nos distraen del plan que ideamos para nuestra vida.

2. ¿CÓMO SUELTO MI POTENCIAL?

Los problemas son una gran oportunidad y un gran desafío para que crezcas. Frente a ellos puedes hacer dos cosas: sentarte a llorar o decir: «Problema, me vas a servir porque me estás desafiando a que saque de mí lo que nunca he sacado.»

Las crisis nos hacen funcionar con fe, pero al mismo tiempo muchas veces nos avergüenzan, limitando y quebrantando nuestros sueños. La vergüenza refrena nuestro potencial y nuestra vida, limitando el logro de nuestras metas y sueños, haciéndonos adoptar una actitud equivocada: esconder en lo más profundo toda nuestra potencia.

La vergüenza es la creencia dolorosa en una deficiencia de uno mismo. *La vergüenza* no es hacer algo, sino sentir que somos inadecuados para hacerlo. Es pensar que somos defectuosos y que los demás nos abandonarán por ello. La persona vergonzosa dice «me quedé paralizada, no pude hacer nada», y sufre por ello.

Son personas que, a pesar de sus deseos, por vergüenzas sufridas no los pueden retomar, se aíslan y prefieren huir antes que enfrentar una situación. Según lo que pienses de ti mismo, así afrontarás cada circunstancia.

Y ten en cuenta que la respuesta que obtengas dependerá del mensaje que envíes.

Todos los seres humanos en algún momento cargamos con etiquetas, sobrenombres y apodos que a veces nos imponen desde que nacemos, y terminamos yendo con ellos a todos lados.

La mayoría de las veces arraigan tanto en tu ser que hasta cuando te encuentras en la intimidad contigo mismo te das cuenta de que están viviendo junto a ti. Lo tremendo es que terminas creyendo ser esa etiqueta; y tú y ella finalizan siendo lo mismo, ya que la aceptas como algo tuyo. Pero eso no es lo verdadero ni lo que te conducirá a descubrir quién eres.

Esa etiqueta te la impusieron personas que te definieron y te determinaron de acuerdo con lo que ellos esperaban de ti: *que seas grande o pequeño.*

Pero las etiquetas no muestran lo que verdaderamente eres, sino a una persona que fue ideada por otra persona para cumplir y satisfacer los deseos de esta.

> Si la persona actúa conforme a la etiqueta que le han impuesto, así serán las herramientas con que juzgará y opinará de los demás.

Existen miles de etiquetas: el ventajista, el orgulloso, el vanidoso, el inteligente, el inútil, el incapaz, el calamitoso, el exitoso, el materialista, el campeón, el perdedor y un largo etcétera. Meras fórmulas que etiquetan a los individuos.

En un determinado momento, la etiqueta termina convirtiéndose en una marca personal cargada de emociones y sentimientos que te despiertan o te derriban.

Esa misma etiqueta es lo que hará que busques iguales para compartir, gente que tenga la misma condición que tú, lo cual no te favorecerá si necesitas orientar tu identidad hacia un *nuevo yo,* una nueva imagen y un nuevo poder de decisión personal.

Al mismo tiempo, permanecer y compartir en un grupo en el cual todos están etiquetados de la misma forma te hará prejuzgar y emitir juicios sobre individuos que no actúan igual que tú.

Tu fuente es tu marca, y eso te hace perder objetividad y credibilidad en los juicios que emites. La etiqueta termina convirtiéndose en una señal que te identificará ante los demás. Tal vez estés satisfecho con ella o quizá necesites deshacerte de ella.

Quizás amas esa marca, o tal vez la odias y la rechazas. Tal vez lo mejor que te puede pasar es erradicarla de tu vida y descubrir todo el bagaje que está en tu interior y que todavía no ha salido a la luz y necesita hacerlo para no estropearse. Vencer y salirse de esa etiqueta no es tarea fácil, pero no imposible.

Si tu rótulo te llevó a ser un pobre hombre o mujer, tu actitud será pasiva y conformista, de modo que nunca vas a aspirar a nada y permanecerás en un sitio de quietud y resignación. En esta posición de pobreza, nunca lograrás superarte y destacar.

En estos casos, lo que sucede es que la etiqueta ha tomado el control de tu mente, de tu espíritu, de tu cuerpo y tus emociones, y así es como vives.

Detrás de cada etiqueta, hay un tercero que te ha llevado a vivir de tal o cual forma, de acuerdo con sus intereses. Lo que desea este individuo es controlar, manejar y manipular tu vida.

Solo sanando tu interior serás libre de todas las etiquetas y marcas impuestas por quienes te llevaron a vivir según los deseos y preconceptos que formularon acerca de ti, convirtiéndote en el deseo de esos otros. Estos preconceptos anularon y eliminaron el libre albedrío del que gozamos como personas.

> **El poder despojarte de características que no te sirven y no te identifican posibilitará transformar tu dolor en tu fortaleza, aprendiendo a reconocer los miedos y a combatirlos.**

En conclusión, tienes dos opciones: o te adaptas a la etiqueta, o reaccionas deseando arrancarla de tu vida.

Por ejemplo, algunas personas son inseguras porque su etiqueta es ser el inútil, el que hace todo mal, el que siempre se equivoca. Esto determina que viva siendo descalificado todo el tiempo, que camine con inseguridad, y en esa posición nunca va a lograr liberar su potencial; porque las personas inseguras siempre bloquean todo lo bueno que poseen.

La etiqueta te hace pensar **que sabes todo o que no sabes nada.** Por esto, el individuo que es etiquetado no se deja enseñar, ya sea por orgullo o por vergüenza. En cambio, cuando te ves libre de toda etiqueta recibes todo lo que ayuda a tu crecimiento, y no solo lo aceptas sino que lo quieres y lo amas.

La gente no encasillada en etiquetas se respeta, se quiere y vive en seguridad, reflejando todo esto en su cuerpo y su mente.

La etiqueta te hace vivir equivocado porque te obliga a vivir con una información falsa de la realidad. Y esta visión que tienes de ti influirá directamente en tu carácter.

Debes darte el permiso para vivir con tu verdadero yo. No necesitas a nadie que te autorice a lograrlo, el cambio vendrá desde tu interior. Nadie podrá imponerte nada cuando tengas el control de tu vida.

Tu objetivo es la abundancia en todas las áreas de tu vida. Y por esta razón tu tarea más importante es liberar todo tu potencial.

Tu etiqueta siempre terminará por deteriorarte, pero tu potencial te conducirá a conquistar cimas, ciudades, empresas, emprendimientos, sueños, amor, felicidad y todo lo que quieras.

> En este nuevo tiempo, tu existencia no dependerá más de tus carencias afectivas, porque ninguna de ellas es tu destino.

Es hora de que entierres tu etiqueta y liberes lo que sí verdaderamente eres: un vencedor.

Y ahora, lo que en algún momento sentiste o identificaste como tu nombre, caerá y hará emerger esa potencia que se convertirá en un arma de conquista.

Tu potencial te hará poner manos a la obra y no cejar.

RESUMEN

Si logras volver a crearte y descubrirte significará que estás en el camino correcto de tu sueño, en el momento adecuado para hacer explotar todo lo que estaba oculto pero que necesitaba salir a la luz.

> Hay un momento en el cual debes parar e identificar qué es lo que esa etiqueta te impone y qué consecuencias te trae.

Es hora de que comiences a ser y a vivir de acuerdo con tu potencial, con tus dones y talentos. Hora de que empieces a convivir con tu verdadero **yo**.

9

SOLO ES CUESTIÓN DE IDEAS...

Al que cree todo le es posible.

Idea, ¡qué palabra tan usada y con tantas variantes en su aplicación! Podemos tener ideas para crear un proyecto, ideas para encontrar soluciones, ideas innovadoras, ideas de oro... Y relacionar la palabra con conceptos como: creatividad, proyectos, metas, planes, sueños, soluciones y resultados.

Ahora bien, dicen los expertos que existen las buenas y las malas ideas; por eso, la finalidad de este capítulo es verificar si todas las ideas sirven, y si existen ideas que se superen a sí mismas.

Pero aún más importante es darte las herramientas indispensables para que des vida a esa idea que te sacará de tu lugar y te llevará al resultado extraordinario. Tal vez, en algún momento,

> Has de saber que tanto una simple idea como una idea genial pueden hacerte de trampolín para crear tu idea de oro.

tuviste una idea que pensaste que era brillante, y así era, pero el resultado no fue el esperado. Quizá, simplemente, no estuvo bien elaborada ni desarrollada.

1. ¿CÓMO Y DÓNDE NACEN LAS IDEAS?

Todo avance en la vida proviene de una idea, pero antes de comenzar a hablar del tema es necesario saber cómo y dónde se origina una idea.

Hace un tiempo se hizo una investigación para conocer el momento en el cual surgían las mejores ideas, y se llegó a la conclusión de que nunca ocurría cuando la persona se encontraba trabajando, sino que las mismas aparecían mientras caminaba o se bañaba. En un momento de espontaneidad, de repente, de golpe. Lo que significa que cuando estás bajo presión tu mente se asfixia, pero cuando estás distendido comienza a funcionar de otra manera... ¡y allí se originan las mejores ideas!

A los grandes inventores les surgen en los momentos más inesperados. Por tanto, es necesario reservar un tiempo para no hacer nada, desconectarse de las actividades rutinarias y moverse con libertad, momento en el cual comenzarán a actuar la creatividad y la imaginación de cada persona.

Llamamos creatividad a la capacidad de generar nuevas ideas que ayuden a ser al individuo más competitivo y a obtener mejores resultados, siendo la imaginación el elemento necesario e indispensable para la creación y el desarrollo de nuevas estructuras de pensamiento.

En cierta ocasión, mientras Walt Disney visitaba con su hija un parque de diversiones, observó que todos los adultos estaban aburridos; en ese mismo momento surgió en su mente una idea brillante: ¿qué tal si hubiera un parque de diversiones en el que niños y mayores pudieran divertirse jun-

> Cuando una persona quiere alcanzar su meta, tiene que comenzar viendo su sueño completo.

tos? Y así fue como nació Disneylandia, de una idea de oro, dado que los grandes resultados provienen de simples premisas, que luego con su desarrollo se convierten en ideas brillantes y ejecuciones excelentes. Cuando esta idea pasó a convertirse en una realidad, Disney había fallecido. Y llegó el día de la inauguración del parque. Entonces el que había sido su mano derecha le dijo a la viuda: «Lástima que Walt no puede estar aquí para ver su sueño cumplido», a lo que la mujer le respondió: «No; él siempre lo vio.»

Este mismo hombre creó *Blancanieves*, su primera película, que fue criticada y desprestigiada por todos los críticos afirmando que fracasaría, ya que ningún chico permanece más de media hora frente a una pantalla, quieto y sin hacer nada. Sin embargo, él no escuchó las opiniones de los demás, pues ya había visto la película completa: solo le faltaba concretarla y lograr un éxito, y así lo hizo. Lo que hay que destacar es que aún hoy sigue dando beneficios y continúa siendo una de las películas más vistas. En otras palabras: una idea brillante te abrirá nuevos caminos, oportunidades y éxitos.

En este proceso, la imaginación tiene un rol protagónico. Einstein decía que él nunca descubría nada con su mente racional y que la imaginación es más importante que el conocimiento.

El poder de la imaginación

Cualquier sueño o meta puede hacerse realidad si es sincero y apasionado.

Disney comenzó su proyecto a los cuarenta años de edad y tardó quince en convertirlo en realidad. Este hombre se mantuvo fiel a su pensamiento: «Cuando la imaginación queda liberada, todo es posible.» «Si puedes soñarlo, puedes lograrlo», frase que definió su visión y la voluntad de su futuro.

Desde pequeño dibujaba flores con ojos, boca, orejas, lo que llamaba la atención de su maestro. En una oportunidad, lo observó y le dijo: «Las flores no hablan, no miran y no escuchan», a lo que Disney le respondió: «Profesor, mis flores sí», ya que todo lo que podemos soñar, lo podemos concretar y lograr si es sincero y apasionado.

> Las metas se alcanzan con creatividad y con ideas imaginativas e inspiradas, y todas te acercan a tu objetivo.

Para ejemplificar mejor este punto, veamos otros ejemplos de personas que influyeron y modificaron su época al concretar sus ideas:

Gutenberg asoció una prensa de vino y una máquina de acuñación e inventó la imprenta.

Dalí unió sueños y arte y creó el surrealismo.

Alguien asoció el fuego con la comida e inventó la cocina.

Newton pensó en los movimientos y la caída de una manzana y descubrió la ley de la gravedad.

Darwin unió los desastres de la humanidad con la proliferación de especies y descubrió la selección natural.

Hutchins asoció una alarma con un reloj y descubrió el despertador.

Y para terminar analizaremos las características que definen a las ideas imaginativas.

Son frágiles

Cualquiera las puede apuñalar. Por ejemplo, cuando te dicen: «No, eso es una tontería, eso no se puede hacer.» En este caso, lo que hace esta persona es matarte la idea, tal vez no una idea desarrollada que te abriría puertas, pero sí la idea naciente de una idea mejor que llegaría después. Las llamadas ideas frágiles mueren apenas nacen.

Son perturbadoras

Esta clase de idea nos saca del lugar donde pisamos. Son las llamadas *ideas raras* y para nada convencionales. Por ejemplo: en Estados Unidos a alguien se le ocurrió poner café en las librerías para que la gente pudiera hojear libros tranquilamente tomando un café, lo que llevó a que la clientela terminara comprando mucho más de lo que pensaba al encontrarse en un ambiente acogedor y placentero para la lectura.

Otro ejemplo: los *shoppings* tienen siempre la misma luz, porque hubo alguien a quien se le ocurrió que si la luz está siempre igual, nos parecerá que el tiempo no pasa y por ende permaneceremos allí más horas que las previstas.

> Una idea que no suena absurda al principio, no es una buena idea.
>
> Albert Einstein

Son reproductivas

Bill Gates es uno de los hombres más ricos del mundo solo por poner en funcionamiento una idea. Lo absurdo del asunto es que él no es el creador del sistema operativo de Microsoft, él simplemente lo adquirió de otros programadores, lo vendió a IBM, usó una idea y allí comenzó todo...

Quizá también pueda ser tu caso: recuerda que todo lo que necesitas para comenzar es una idea, una idea inspirada que activará una fuente de nuevas ideas. Tal vez esa no sea la idea desarrollada, pero si esa idea se la cuentas a alguien, y este aporta y le agrega valor mientras que otro la pule un poco, seguramente nacerá otra idea que irá mejorando progresivamente.

El libro *Cómo ser billonario* expone que hay 286 billonarios en Estados Unidos y analiza sus características en común, y comprueba que estas personas solo se encargan de mejorar las ideas de otros. Escuchan algo, le agregan, le sacan, lo mejoran, y lo que queda les permite hacer y obtener dinero. Son gente que asume riesgos, y quizá tu pregunta es: «Pero ¿qué riesgo corren?» El de enfrentar el desafío de hacer algo nuevo que nunca se ha hecho.

> El riesgo es enfrentar el desafío de hacer algo nuevo que nunca se ha hecho.

2. IDEAS EN USO Y EN DESUSO

¿Existen realmente ideas viejas e ideas nuevas, o es solo un mito?

Existen ideas en cantidad ilimitada. Ideas viejas, obsoletas, inútiles, que no sirven más en un mundo en permanente cambio y en el cual, paralelamente, existen ideas innovadoras que generan soluciones maravillosas y exitosas.

Por otra parte, al querer implementar una idea surge al mismo tiempo un interrogante: ¿y si no funciona? En esta etapa aparece el miedo de estar ante lo desconocido, lo cual nos incomoda y nos saca de nuestra zona de confort. Este temor muchas veces está sobredimensionado, haciendo parecer que lo nuevo es como un gran gigante que, al tomar contacto con la realidad, se reducirá y hará ese **imposible posible**. El objeto de este capítulo es aprender a distinguir y descubrir ideas que faciliten el logro de tus objetivos en tiempo y condiciones acertadas.

¿A qué llamamos «una idea vieja»?

Viejas ideas obsoletas, precarias y sin sentido rigen las vidas de muchas personas que se niegan a cambiar, en un mundo que crece vertiginosamente y requiere ideas innovadoras, mejoradas y de avanzada.

Aun aquellas ideas que en un momento fueron exitosas, hoy seguramente ya no lo sean. Quizás a algunos de vosotros las viejas ideas os sigan sirviendo, pero no es lo más común en una época en que los cambios y la competencia son cada vez más exigentes y se desarrollan a la velocidad de la luz.

> Las viejas ideas anulan los talentos, los dones, las capacidades creativas y de progreso de las personas.

Estas ideas se encuentran en todos lados: en la familia, en la escuela, en la universidad, en las empresas, en las iglesias, es decir, en todos los ámbitos donde haya personas que rehúsan el avance y el progreso.

Lo que sucede es que el simple hecho de abandonar aquellos pensamientos que en determinado momento generaron éxito, produce conflictos. Evidentemente, surgen muchos interrogantes: ¿si esta idea sigue dándome buenos dividendos en la actualidad, por qué cambiarla y abandonarla?

Y el tema es que muchas personas, empresas e instituciones se dejan apabullar por el éxito y este momentáneo premio las hace permanecer en un lugar cómodo, donde las nuevas ideas no tienen espacio: ¿si me sigue dando éxito, para qué cambiarla y correr riesgos?, ¿por qué perder lo que conseguimos? Pero en la realidad esto no sucede siempre.

Vivimos en un mundo donde el cambio es continuo y todo acontece a un ritmo inverosímil. La competencia y el cambio aparecen donde y cuando menos los esperas, no solo en los negocios sino en todos los ámbitos de la vida. Ahora bien, si el cambio es tan bueno y necesario, ¿por qué es tan difícil implementar nuevas ideas o ideas de oro?

Una de las respuestas es esta: al desarrollar una idea sobre un papel siempre parece maravillosa, pero no sucede lo mismo al volcarla al plano de la ejecución. ¿Por qué?

Porque la dificultad aparece en el mismo momento de poner las ideas en marcha a través de acciones y ejecuciones, ya que tienen que ser desarrolladas por personas; ese es el pequeño inconveniente: «las personas desarrolladoras».

Son las personas las que se resisten al cambio, no las ideas.

Los procesos son fáciles, la gente no.

Ante un desafío responden: «Esto es muy complicado para mí, no sé si va a resultar, ¿por qué no lo seguimos haciendo de la misma manera? Y si nos sale mal, si nos equivocamos, ¿qué hacemos?»

Todos estos motivos son los que el individuo prefiere obviar para seguir con lo que ya conoce y no le causa ningún dolor de cabeza, aplicando el conocido refrán «mejor pájaro en mano que ciento volando», o el dicho popular «preferible malo conocido que bueno por conocer», optando así por quedarse con lo viejo aunque no funcione, con metas que no crecen, sueños que no se concretan y resultados decadentes.

Sin darnos cuenta nos convertimos en animales de costumbres, preferimos sentirnos seguros con lo que venimos haciendo antes que aportar la inseguridad o la probabilidad de un éxito, resultado de una innovación.

Y así es como ponemos el piloto automático y resolvemos el problema, sin tener en cuenta que cuando nos automatizamos los resultados nunca serán extraordinarios, ya que estarán cerrados a la creatividad y la innovación, permaneciendo siempre en el mismo nivel que tuvieron en el momento de su creación.

El cambio es personal, y solo la capacidad y la voluntad que el individuo desarrolle para concretar una idea generará una apertura y el comienzo de una nueva reinvención de un planeamiento organizativo.

Si la persona es abierta le dará la bienvenida, pero si su estructura mental es ritualista y tradicionalista, descalificará toda idea que genere cambio y movimiento.

> Lo que determinará el éxito de una idea será la capacidad de adaptación al cambio de cada persona, ya que si el individuo es ritualista y tradicionalista, seguramente esa idea terminará archivada en algún viejo cajón.

Por consiguiente, si las personas no cambian, tampoco lo harán los resultados. Es por eso que en los nuevos modelos organizativos es indispensable cambiar también a la gente productora y realizadora para obtener nuevos resultados.

Ahora bien, es importante saber el tiempo de duración de una idea para saber si esta es vieja o nueva.

Peter Drucker en su libro *Manual para la organización de la empresa* escribió: «Ninguna teoría de los negocios que funcione en la actualidad será válida dentro de diez años. [...] Los próximos años serán de cambios rápidos en tecnologías, en mercados [...], en comportamiento de los consumidores, en las finanzas, en las realidades políticas y geográficas, en las políticas económicas y comerciales [...], casi todas las organizaciones grandes tendrán que replantear su teoría de negocios.»

Lo que muestra esta exposición es que, si el tiempo de proyección de una idea te lleva todo un año, puede ocurrir que al comenzar a ejecutarla ya sea vieja. Así pues, lo importante es poder darse cuenta de si a estas alturas una idea sirve o no, independientemente de que sea nueva o vieja. Tu plan o tu idea deben ser mejores en el momento de ponerlos en funcionamiento que cuando los creaste. Kiyosaki afirma que una persona rica siempre busca mejores ideas, mientras que los pobres defienden sus viejas ideas o critican las nuevas.

¿Cómo y cuándo se originan las nuevas ideas?

Las nuevas ideas nacen de la capacidad que el individuo posee de conectar diferentes variables y posibilidades.

Winston Churchill definió: «*Los imperios del futuro serán los imperios de la mente*», refiriéndose a que, en el futuro, el crecimiento no provendrá de acaparar materias primas, sino de dominar capital intelectual. Y una vez que este haya dado a luz, necesita el ambiente óptimo para crecer y convertirse en generador de éxito. En otras palabras, la creatividad necesita

> Si tienes mente, tienes ideas. Todo se origina en tu mente, todo nace allí. Están dentro de ti, tienes que autorizarlas para que salgan a escena y cobren vida.

puntos donde apoyarse, es decir, creaciones nuevas que surjan de cada incorporación de conocimiento que esa persona tenga a su disposición y de una gran capacidad imaginativa de producción.

Hace un tiempo, leí un libro científico sobre la buena suerte y la mala suerte escrito por un psicólogo inglés que durante diez años estudió a determinadas personas para saber si la suerte existía o no. Descubrió que ni la buena ni la mala suerte existen, sino que hay gente con ciertas características que atrae «la buena suerte» o «la mala suerte».

¿Qué quiere decir con esto? Que hay personas con determinadas características que están en el lugar y el momento adecuados para que les ocurra algo bueno, mientras otras están en los lugares equivocados y con la gente equivocada, y por tanto nunca les pasa nada bueno.

Lo que sucede es que todo en primer lugar pasa por nuestra mente, tanto lo positivo como lo negativo; por eso, si ganas la batalla de la mente, ganas la carrera y conquistas el mundo de las ideas. Estas, para poder desarrollarse, necesitan que conjugues tres tipos de personas diferentes en una sola:

La persona creadora

Le encanta inventar, crear, empezar cosas nuevas e iniciar proyectos. Siempre tiene ideas de oro, ideas creativas.

Abre caminos y su palabra preferida es «proeza», que significa algo que nunca se hizo, que se hace por primera vez.

La persona ejecutante

Es fiel y cumplidora, haciendo que la persona creadora se empeñe y no descanse hasta realizar su sueño.

La persona mejoradora

Es la que no inventa ni ejecuta, solo busca cómo mejorar las cosas.

Toda idea nace en nuestra mente, en nuestro pensamiento: allí comienza para luego crecer, cobrar vida y desarrollarse. Y para ello, debemos plasmarla en papel, visualizarla gráficamente, prepararla y convertirla en acción. Solo así una idea no cae en el olvido, en la nebulosa, como suele decirse.

> La mente creadora se unirá con la mejoradora y la ejecutante y siempre estará mejorando. Recuerda que la mejor manera de predecir el futuro es creándolo...

Todos tenemos capacidades para crear ideas y ponerlas en acción. Si podemos pensar, podemos elaborar diferentes y diversas ideas para un mismo proyecto, elegir la mejor y ponerla en marcha. Toda idea necesita ser probada para saber qué calificación se le pondría: buena o mala. De otra forma, si queda sin desarrollar y sin ejecutar, será simplemente una vaga y remota idea.

Las nuevas ideas nos desafían continuamente, produciendo resistencia al comienzo; mientras que el cambio implica esfuerzo y dedicación, lo que significa salir de la zona de comodidad para comenzar a crear una nueva manera de pensar, rompiendo con el pasado y sus creencias erróneas.

El secreto del éxito en el desarrollo de cualquier idea nueva será la apertura al cambio que genere el individuo al ponerla en marcha. El cambio necesita de voluntades y compromisos para su desarrollo.

Necesitamos prepararnos y estar abiertos para ser generadores de nuevas ideas que lleguen a la meta, y de proyectos con objetivos exitosos. Solo se necesitan confianza y tiempo para implementarlos. Los procesos suelen ser difíciles al comienzo, y por eso resultan desafiantes y creativos. Necesitas correr riesgos. No puedes conformarte con los logros de tu pasado, pues son precisamente pasado, tus sueños siempre desafiarán nuevos logros, más metas, que harán que te prepares para que seas tú quien los conquiste.

Un hombre llegó a gerente de un banco muy importante, pero cuando surgió la actual tecnología lo despidieron y terminó vendiendo electrodomésticos. Debes ver el futuro y anticiparte; de otra forma, quedarás fuera del sistema.

Todo cambio va a producir errores y dificultades, pero cada uno de ellos producirá un aprendizaje continuo que arrojará como resultado el éxito esperado.

> Estar abiertos significa crecer, aumentar, sumar, mejorar, avanzar, desafiar, estimular, nunca permanecer inmóvil.

Con referencia al tema, un *coach* dijo: «*Si todo lo que creemos que es de vida o muerte realmente lo fuera, habría muchos más muertos.*» Por eso, si te equivocas, simplemente vuelves a empezar una y otra vez hasta lograr tu objetivo.

3. ¿A QUÉ LLAMAMOS IDEAS DE ORO?

Como ya hemos dicho, en el mundo de las ideas encontramos ideas de todo tipo; pero existe una clase diferente de todas las demás, y son las encargadas de llevarte a la cima. Las llamaremos «ideas de oro» o «ideas inspiradas».

Cuando elaboras una idea de oro te sientes perturbado, distinto, incómodo, porque esta clase de ideas te saca de la zona de confort y comodidad a que estás acostumbrado, te incitan a actuar de una forma sobrenatural.

> Todas las ideas de oro te expanden, te hacen prosperar y también bendicen a otros.

Estas ideas no son modificadoras de conceptos anteriores, son innovadoras y se originan en ti mismo, no en los demás ni en la competencia.

Para darles lugar, es necesario distanciarse de la tradición, de lo obsoleto, y pensar de una forma renovada y ágil. Al comienzo puede ser solo una idea, pero no la rechaces. Recuerda que una gran idea suele no ser aceptada por las mentes estrechas, pero tú sabes que puede transformarse en una idea de oro que cambie radicalmente tu vida y la de los demás. «Un pionero es alguien que estaba en lo cierto mucho antes que otros», y tú puedes ser uno de ellos, como sucedió en los siguientes casos:

- En Gran Bretaña se dijo de la televisión: *«Todo un truco, un mero montaje, un desatino absoluto.»*
- Harold Spencer John, astrónomo británico: *«Los viajes espaciales son una pamplina imposible.»*
- La compañía Decca, que rechazó a los Beatles: *«No nos gusta el sonido de sus guitarras, no creemos en el futuro de los grupos que las utilicen.»*

- George Melvin, ingeniero, jefe de la Marina norteamericana: *«Si Dios hubiera pensado que el hombre debe volar, le habría dado alas.»*
- Almirante Clark Woodwar: *«En lo que respecta a hundir un buque con una bomba, es simplemente imposible de hacer.»*
- Emelyn Snively, directora de una agencia de modelos, a Marilyn Monroe en 1944: *«Será mejor para usted que aprenda el oficio de secretaria o que se case.»*

Las ideas siempre pasan por distintas fases:
1. **Se las considera ridículas.**
2. **Se las considera excelentes.**
3. **¡Los competidores se atribuyen su autoría!**

Podemos tener miles de ideas, pero lo mejor es tener una, ejecutarla y comprobarla. Lo importante es: ¿cómo surgen las ideas de oro? O tal vez te preguntes: ¿cómo hago yo para tener por lo menos una? Y el método a seguir es fácil, solo requiere que abras tu mente, que tengas un espíritu libre de ataduras y condicionamientos y que te decidas a avanzar y conquistar.

Para comenzar, piensa como un principiante. Todos somos inteligentes, por tanto todos podemos tener ideas de oro. Los inexpertos, al no saber nada, al no conocer los entresijos de tu campo, te darán ideas fuera del contexto en el cual tú venías elaborando, y pueden llegar a ser geniales.

El que no sabe, no tiene prejuicios, y por tanto puede pensar más creativamente. Por eso, a veces, buscar al que menos sabe es lo más sabio, ya que la experiencia suele convertirse en anteojeras que impiden ver nuevas posibilidades.

Para comenzar, piensa como un principiante.

Si quieres comprobarlo, prueba un día y lleva a tus hijos al trabajo; luego escucha lo que te comentan. Sin duda, ellos verán lo obvio y lo sencillo, lo evidente, lo que está a tu alcance pero que tú no puedes ver por tu complejo sistema de pensamientos.

Este es el motivo por el cual ellos lo ven y tú no: ellos no tienen paradigmas, pero tú sí. Rompe con lo que te enseñaron, empieza de nuevo, como si fuese la primera vez que lo haces.

Piensa en lo contrario, en lo opuesto, no para estar en «contra de», sino porque este sistema de pensamiento te perturbará y romperá el esquema predeterminado que elabora tu mente. Rompe las reglas.

Lee lo que no te interese, eso mantendrá tu mente abierta. Sé curioso, la curiosidad abre nuevos interrogantes y nuevas soluciones. Juega a «¿qué sucedería si...?».

¿Qué sucedería si tuviese un ojo en la espalda? ¿Qué sucedería si el periódico fuera de plástico? ¿O los cursos se dictaran telefónicamente? Este juego activará pensamientos «locos» que generarán ideas de oro e inventos creativos. La diversión expande tus pulmones y oxigena las células del cuerpo.

Tu dificultad solo necesita una idea de oro, y para cada problema no existe una sola idea, sino cientos; no seas rígido, flexibiliza tus pensamientos. Siente placer al ocuparte de tus cosas; no es solo lo que tenemos, sino lo que disfrutamos, lo que da sentido a nuestra vida. Haz siempre algo nuevo y cambia la forma en que lo haces.

> Ríete todo lo que puedas. La risa es generadora de nuevas ideas y el mejor estimulante cerebral.

4. LOS ENEMIGOS DE LA CREATIVIDAD

Durante el proceso de toda idea surgirán actitudes externas o internas, personas y emociones que querrán hacerla abortar. Por todo esto, hay que tener en cuenta principios que resguardarán tus ideas y proyectos para que puedas llevarlos a cabo.

Ante todo, sugiero que no comentes tus proyectos a aquellas personas que siempre interpretan mal los sueños de los demás y, por ende, se encargan de destruirlos. «No hables con cualquiera, no abras tu corazón a cualquier persona»; esta actitud te librará de la opinión de los demás y sus consecuencias. La aceptación o el rechazo de nuevas ideas también depende de la capacidad del otro para ejecutar una idea que no ha salido de su mente. Aceptar la idea generada por el otro muchas veces ocasiona malestar y envidia en los ambientes laborales.

Como ejemplo de este punto citaré la historia verídica de un hombre llamado José, habitante de las tierras de Canaán, que confió su sueño a las personas equivocadas.

José era un muchacho de diecisiete años, el más querido por su padre y el elegido entre sus hermanos, lo que producía celos y rivalidades por parte de ellos hacia él. Un día, José tuvo un sueño que decidió contar a sus hermanos: «He soñado que el sol, la luna y once estrellas se inclinaban hacia mí...» Esto despertó la ira y la violencia de sus hermanos, que decidieron matarlo arrojándolo a un pozo, pensando que algún animal seguramente lo devoraría.

Pero a pesar del lugar donde se encontraba, José fue rescatado por unos mercaderes y

> El progreso proviene de las personas que piensan contra corriente. Si no hay disidentes, no se avanza.
>
> Saw Ken Wye

vendido a Egipto como esclavo. Su condición física era la de esclavo, pero su espíritu era libre y su sueño seguía vivo. Con el transcurso del tiempo, José, que trabajaba para el faraón, recibió la confianza del soberano, quien como recompensa lo nombró ministro de Economía y le dijo: «Tú estarás por encima de mi casa, y por tu palabra se gobernará todo mi pueblo. Solamente en el trono seré yo mayor que tú.» Después, en un momento determinado, sus hermanos acudieron a él para pedirle comida por la hambruna que había en ese tiempo en sus pueblos, a lo que José les dijo: «Vosotros pensasteis mal de mí. El sueño que tuve diecisiete años atrás hoy se cumple ante vuestros ojos.» El sueño de José significaba que él cuidaría a su familia desde un puesto de poder, pero cuando él se lo contó a sus hermanos, ellos lo interpretaron mal.

En segundo lugar, otro aniquilador de la creatividad es *ver y hacer* las cosas siempre de la misma forma. La rutina y la monotonía frustran la inspiración y la originalidad.

Lo que se necesita para aumentar y fomentar la creación de ideas es saber preguntar, teniendo en cuenta que existen dos tipos de pensamiento: el convergente y el divergente.

El pensamiento convergente es la capacidad de formular una pregunta para la que hay una respuesta. Por ejemplo: «¿En qué año Colón descubrió América? ¿Cuándo se declaró la independencia?» Ante estas preguntas, las respuestas serán enciclopedistas: datos, números, fechas, pero no nos enseñarán a pensar. En cambio, el pensamiento divergente es aquel que surge a partir de una pregunta que no tiene respuesta, y que nos lleva a pensar y me-

> Ten en cuenta que el estrés es el enemigo número uno de la creatividad, dado que el agotamiento te debilita y disminuye tu capacidad de innovación.

ditar: «¿Por qué Colón descubrió América?», y no: «¿En qué año Colón descubrió América?» Aprendamos a hacer más preguntas divergentes y menos convergentes para así aumentar el caudal de ideas que elabora nuestra mente.

Hay personas que no padecen estrés sino que viven estresadas. Son las denominadas de «personalidad tipo A» y poseen las siguientes características:

a) Competitividad
b) Aceleración
c) Ambición
d) Preocupación exagerada
e) Actitud mental negativa

Toma un lápiz y anímate a hacer este test para saber si estás estresado o no. Responde sí o no a las siguientes preguntas:

1. ¿Tienes la sensación de estar siempre en estado de tensión?
2. ¿Tienes la sensación de estar siempre cansado?
3. ¿Te cuesta empezar o terminar tareas?
4. ¿Tienes problemas de sueño? (dormir poco o mucho)
5. ¿Te sientes herido con facilidad?
6. ¿Te sientes preocupado siempre por algo?
7. ¿Te preocupa algo de tu cuerpo?
8. ¿Tienes reacciones de mucha rabia o mucha ansiedad?
9. ¿Tienes pensamientos pesimistas?
10. ¿Te distraes con facilidad?
11. ¿Dudas mucho o tardas en tomar decisiones?
12. ¿Te sientes víctima de las circunstancias?
13. ¿Tienes problemas en tu trabajo?

Suma las respuestas positivas:

- Menos de seis respuestas positivas: no padeces estrés.
- Seis o más respuestas positivas: padeces estrés.

Si descubres que padeces estrés, no te preocupes. Necesitas cambiar y salir de la situación en que te encuentras, creando y modificando las condiciones ambientales necesarias e indispensables para la generación, aceptación e implementación de ideas.

> Un lugar adecuado y estimulante aumentará la capacidad de desarrollo de cualquier emprendimiento, siendo fundamental un nuevo espacio físico y mental para que surjan las ideas, capaces de resolver todo tipo de problemas.

La creatividad y el potencial máximo de un individuo se generarán aún más en un ambiente óptimo con condiciones favorables para su desarrollo. En este marco, el deseo de aportar de una persona será decisivo y generará la apertura de nuevos y exitosos proyectos.

Una persona en tensión, preocupada, no puede obtener los mismos resultados ni pensar creativamente en el proceso de innovación. Una mente estresada soporta muy mal la originalidad.

Es necesario que la mente y el corazón estén en la misma sintonía para ser creadores de nuevos emprendimientos. La clave es poder pensar sin límites ni restricciones. Los problemas emocionales influyen negativamente en la elaboración de nuevas ideas. En cambio, cuando la persona tiene una autoestima elevada y funciona en un medio adecuado, será capaz de producir ideas de oro. Una meta eficaz siempre proviene de ideas estratégicas y eficaces.

He aquí una anécdota contada por el reverendo Morton T. Kelsey en uno de los retiros a los que asistió Anne Watson y que clarificará el punto que acabas de leer:

La compañía estaba fuertemente endeudada y a punto de sucumbir. Se convocó a una reunión de la junta directiva y al terminar, el presidente, desconsolado, se retiró a su despacho y dijo: «Señor, puedo emborracharme u orar. Si me emborracho, mañana me sentiré como todos los diablos. Si rezo, algo puede ocurrir.» Oró en silencio y escuchó: «Establece condiciones con las cuales el individuo pueda desarrollar al máximo sus capacidades dentro de las oportunidades disponibles.» La compañía se recuperó y liquidó sus deudas en tres años.

Extraído de *Noetic Sciences Review*,
marzo-mayo de 2001

Para apoyar y sustentar esta creatividad existen técnicas que, si las aplicas correctamente, te posibilitarán diseñar ideas innovadoras e inspiradas.

1.ª Técnica: Pensar más

El cerebro es un músculo que hay que ejercitar haciéndole preguntas y alimentándolo con información. El conocimiento intelectual también forma parte del proceso de creación de ideas.

Tu base de conocimientos debe actualizarse diariamente; no debes saber solo lo que te interesa, sino sumergirte y familiarizarte con la totalidad de la información a tu alcance.

> No puedes vivir de lo que aprendiste o te enseñaron, todo cambia de forma vertiginosa y permanentemente y tú eres parte de ese cambio.

La persona creativa tiene que estar al tanto de todo lo nuevo que surge, porque nunca se sabe qué tipo de conocimiento se podrá usar para desarrollar o formar una nueva idea. No pienses en cuándo sucederá, solo ten la plena confianza y toda la seguridad de que en un tiempo oportuno ocurrirá. León Borstein enfatiza que «las ideas originales provienen de combinar los conocimientos en nuevas formas, pero se necesita tener esos conocimientos en la cabeza para poder combinarlos».

Renovar la mente, los pensamientos y el conocimiento son conductores indispensables para ser una persona originadora de ideas.

> Ninguna compañía puede sobrevivir con solo gente buena. Necesita gente que esté mejorando sin cesar.
>
> **Revista** *Khabar*,
> marzo de 2003

No es el mero hecho de generar una buena idea, sino que la persona tiene que ser capaz de vender esa idea para que su proyecto pueda concretarse y evaluarse. Son necesarias la eficacia y la capacidad de enunciarla y defenderla.

2.ª Técnica: Leer

Debe cultivarse la lectura. Toda persona ha de leer e informarse para asimilar las nuevas ideas, aplicarlas y estar al corriente de los cambios y las nuevas estructuras de pensamiento que nos posibilitan alcanzar la meta de cada día.

3.ª Técnica: Observar más

Esta técnica requiere una mayor atención y un gran sentido de la curiosidad y la investigación.

4.ª Técnica: Relacionarte con gente creativa

Únete a los que te agregan sueños, valor, coraje y pasión.

Los mutiladores de sueños no son tu propósito ni tu herencia.

Cuando una persona aprende a tratar bien al otro, recibe buen trato. Es lo que denominamos «ley de la atracción», que te proporciona la sabiduría para usar los conocimientos y los contactos del otro en beneficio de tus necesidades, proyectos y emprendimientos y en el logro de tus ideas.

Llamaremos a todas ellas «conexiones de oro», preparadas y dispuestas para llevarte a tu próximo nivel. Lo que decidiste soñar y concretar en tu vida será lo que atraerás, y todas estas conexiones dependerán de tus expectativas. Los ricos no se relacionan con los pobres. Los pobres llaman a los pobres, y los ricos a los ricos. Las aves del mismo plumaje viajan juntas, los críticos viajan juntos, los legalistas viajan juntos, etcétera. Pues cada uno se liga con el que es similar a uno. Si eres un soñador, otros soñadores estarán contigo.

5.ª Técnica: La lluvia de ideas

Esta técnica consiste en tomar en cuenta y anotar durante diez minutos todas las ideas que acudan a tu cabeza sobre un asunto.

Incluso las ideas más extravagantes, escríbelas sin pensar. No censures ninguna idea, ten en cuenta que todas las ideas de oro, al comienzo, parecen locas.

> No existe en el mundo nada más poderoso que una idea a la cual le ha llegado su tiempo.
>
> Victor Hugo

Una vez escritas todas, selecciónalas por grupos, combínalas y relaciónalas entre ellas sin desechar ninguna. Luego observa cuáles se pueden mejorar, cuáles vas a aparcar por un tiempo y cuáles te urge llevar a cabo ya. Esta es la técnica por excelencia de los creativos, dado que estos seguirán creando ideas aunque algunas sean rechazadas, ya que su autoestima no pasa por la aceptación o negación de las mismas, sino por la capacidad innata de crear e innovar permanentemente.

Vinton Cerf y Robert Kahn, inventores de TCP/IP («Protocolo de control de transmisión y protocolo de internet», serie de protocolos estándar que sirven de lenguaje común en internet) afirman:

Cuando se trata de innovación la cuestión no es cómo innovar sino cómo invitar ideas. ¿Cómo invita uno al cerebro a encontrar pensamientos que acaso no encuentre de otra manera? Las personas creativas dejan vagar la mente y mezclan ideas libremente. La innovación viene muchas veces de yuxtaposiciones inesperadas, de conectar asuntos que no guardan necesariamente ninguna relación entre sí. Otra manera de generar ideas es tratar un problema como si fuera genérico. Si uno tiene un problema específico, lo más probable es que otros también lo tengan. Genere una solución y quizá tenga una innovación.

El cambio es lo único permanente

Madan Birla plantea que todo proceso de innovación sigue tres pasos: generación, aceptación e implementación de las ideas. Y agrega que la mayoría de las personas piensa solamente en el primer paso, en la generación, en la capacidad de poder producir una idea brillante, sin darse cuenta de que la aceptación y la implementación poseen la misma importancia.

Cuando una idea nace y sale a la luz, muy pocas veces estará ya lista para ser desarrollada. Generalmente será necesario reformularla, pulirla, lustrarla para que pueda ser implementada. Comparémosla con una piedra preciosa. Su estado natural es bruto, áspero, con callosidades, pero cuando llega a la vitrina para ser vendida como una joya, ha sido tallada, pulida, lo que significa que ha sido trabajada por expertos hasta convertirla en una piedra refinada.

Lo que sucede es que muchos ven limitadamente esa idea o esa piedra, en su estado natural, en bruto, y no logran vislumbrar el alcance que tendrá al ser puesta a punto. A veces, conseguir ponerla en marcha es tanto o más importante que el mero paso de crearla.

Los grandes resultados requieren grandes ideas y una gran ejecución.

Una encuesta hecha en el *HR Magazine* (marzo de 2003) establece las siguientes cifras:

- Más de la mitad de los ejecutivos encuestados afirma que la innovación es uno de los cinco factores más importantes para crear una ventaja competitiva, y el 10 por ciento considera que es el factor más importante.
- Más del 75 por ciento de los altos gerentes creen que sus empleados generan suficientes buenas ideas.
- Solo el 10 por ciento asegura que sus empresas sobresalen en innovación, y el 46 por ciento añade que ellos implementan menos del 20 por ciento de sus ideas prometedoras.

Lo que se necesita es poder sentirse libre en todos los niveles por los que atraviesa una idea para que sea nueva, brillante, innovadora y exitosa. La innovación es un proceso que requiere cambios y mejoramientos continuos. Y pasa por diferentes etapas:

a. Detectar los beneficios y los posibles obstáculos de las ideas a implementar.
b. Desarrollar un plan de diferentes alternativas para poder ponerlas en marcha previendo que algún cambio no obtenga los resultados esperados. Correr riesgos es parte de este proceso de innovación, en que el fracaso no se castiga y se está dispuesto a correr el riesgo.

La innovación también trae regeneraciones, reinventos, reingeniería. Es decir, nuevas formas de utilidades y de funcionamientos de viejos o antiguos productos o procesos. Innovar es un proceso de aprendizaje disponible para todo aquel que se atreva a ejecutarlo. En conclusión, necesitas ser un generador de ideas para conquistar tu resultado en tiempo y en condiciones óptimos.

> El temor a fracasar es el principal obstáculo de la innovación y un impedimento para alcanzar tu objetivo; por eso, no pienses en ello, la implementación de ideas creativas está a tu disposición.

5. SÉ UN GENERADOR DE IDEAS

Eso te convertirá en una persona competente. Necesitas sentirte libre para usar la creatividad de que dispones y que te permitirá ser una persona innovadora. En el hemisferio derecho cerebral nace la creatividad y se originan los sentimientos, y también las visiones, las creaciones, las producciones, las ideas y la eficiencia. Por tanto, si tu cerebro está completo, no tienes excusas para no ser una persona generadora de ideas y proyectos.

La confianza, la autoestima, el valor y el coraje serán fundamentales en todo proceso de innovación que te propongas en cualquier área de tu vida. El ser humano necesita sentirse seguro para poder traducir en palabras todas las ideas que genera.

Todos tenemos la capacidad de desarrollar y poner en marcha nuestro potencial creativo. Lo que sucede es que algunos se encargan de despertarlo y desarrollarlo, mientras que otros permanecen dormidos. Todos nacemos con talentos creativos, no hay excusas.

Solo dependerá de las metas osadas y desafiantes que te propongas y de que no temas al fracaso.

El secreto consiste en hacer algo que te haga «diferente». Nadie puede ser «todas las cosas» para «toda la gente». La especialización es la clave. En este proceso del desarrollo de ideas, todas las personas son de gran utilidad y gran importancia. Lo que sucede es que en diferentes procesos se necesitan distintas personas.

Cada uno es útil en el área de funcionamiento en que mejor se desempeña y logra mayor éxito.

Los hombres y mujeres exitosos poseen una serie de habilidades generales, pero hay una o dos áreas en las cuales desarrollan la capacidad de realizarse de una manera excepcional.

Tu decisión sobre cómo, dónde, cuándo y por qué vas a espe-

> **Piensa cuál de tus talentos vas a explotar y hazlo de la mejor manera.**

cializarte en un área particular del esfuerzo es quizá la decisión más importante que puedas tomar.

Si eres diez en un área, mejórala y olvida lo demás. Compite contigo mismo, nunca con los demás. ¿Qué haces bien? ¿Qué te es fácil de hacer que a otros les resulte difícil?

¿Qué cosas te han proporcionado las mayores felicitaciones? Tienes que identificar lo que haces bien y concentrarte en eso.

Hay gente que se dedicó a dos o tres cosas, delegó lo demás y se hizo millonaria. ¿Qué habilidad específica, si la desarrollas y la haces de manera excelente, te dará mayor éxito e impacto en tu carrera?

Para conseguirlo es necesario tener una meta y no permitir que personas que no obtienen resultados influyan en tus decisiones y objetivos. No escuches a quienes no tienen éxito, pues suelen equivocarse todo el tiempo. Jonathan Swift afirma que cuando aparece un auténtico genio en el mundo puedes reconocerlo porque todos los burros se alían en su contra.

Muchas ideas son desechadas sin siquiera haber sido probadas. Todos los comentarios que recibes son negativos y entonces descartas la posibilidad de darle vida a riesgo de que verdaderamente no resulte.

> El juicio analítico y continuo de una idea es uno de los causantes de todas las ideas abortadas.

Te acosarán con frases y paradigmas caducos, por ejemplo: «no va a funcionar, otros también lo han intentado y han fracasado; es muy arriesgado»; «¿quién te lo va a financiar, de dónde vas a sacar el dinero, y si lo pierdes todo?»; «estás loco, ¡para qué tanto trabajo, si así estás bien; para qué quieres más!; mejor descansa; es muy difícil, ¡que lo haga otro!»; «¿y por qué no le dices a fulanito que lo haga él?; ¡nunca hicimos algo así!, ¿para qué ahora esto?». Y así miles de objeciones para coartarte y frustrar tu futuro. Sin embargo, también existen personas a las que la opinión de los demás no las limita, sino que las desafía a demostrar las bondades de su pensamiento y de su creación.

Bill Gates es uno de ellos. Hace unos años tenía 19.000 millones de dólares; nadie nunca tuvo tanto dinero. Es el hombre más rico del mundo. Tres años después ya tenía ¡58.000 millones! En una ocasión señaló respecto a su proyecto que había sido una persona muy criticada, y que en una ocasión un periodista argentino afirmó que en su país no había oportunidades para sus sistemas.

Ahora bien, ¿deberíamos hacerle caso a un periodista que no tiene ni un céntimo? Siempre lo nuevo parece inservible: el primer coche, inservible; el primer ordenador, inservible... pero luego conquistan el mercado. Por todo lo expuesto, escucha a los que no saben, ellos te darán cientos de explicaciones y excusas acerca de por qué no se puede hacer, por qué no lo vas a lograr, y cuando se vayan ¡haz todo lo contrario!

De modo que escribe tus ideas, no importa el grado de cordura que aparenten, ellas aparecerán en cualquier momento del día y en cualquier lugar y si no las anotas puede ser que las olvides, que queden en la nada y que a otros se les ocurran y las hagan por ti. No procedas como este antiguo anónimo: «*Por fin conseguí reunirlo todo y luego olvidé dónde lo había guardado.*»

> Escribe tus ideas, no importa el grado de cordura que posean.

Luego, para ser aún más eficaz, puedes elaborar el árbol de las ideas, conocido también como el mapa mental o diagrama de grupos:

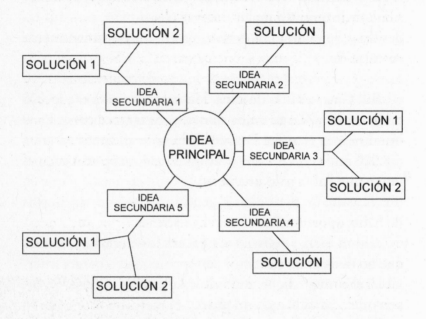

En este árbol la idea principal debe ser expuesta gráficamente en el medio de la página y proyectar sobre ella una serie de flechas de las cuales saldrán todas las posibles ideas secundarias y todas las posibles soluciones relacionadas con la idea central. Según la importancia y la posibilidad de la idea central, se irán acercando o alejando de la misma. Esta es otra manera para identificar y señalar ideas, metas, soluciones y proyectos a corto, medio y largo plazo.

Lo utilizaron personas como J. F. Kennedy, Thomas Edison, Leonardo da Vinci y Albert Einstein. Esta forma gráfica puede beneficiar la claridad y eficiencia en el proceso de la elaboración de ideas.

RESUMEN

Para terminar, es necesario que erradiques de tu mente viejas y obsoletas estructuras de pensamiento que te imposibilitan generar y dar a luz nuevas ideas.

Nuestro pensamiento tiene que ser totalmente nuevo, descartando antiguos métodos y estrategias. Si nuestra mente está permanentemente ocupada en diferentes tareas, no podrás desarrollar la imaginación necesaria para el proceso creativo. Cuando estamos cansados pensamos con menos creatividad y menos energía. El descanso es creativo y productivo, te dará las ideas y respuestas que necesitas en el momento que menos lo esperas.

Cambia las reglas operativas, crea las tuyas, mira hacia delante. Además, para ser un generador de ideas creativas necesitas tiempo, dado que el factor tiempo y la claridad de pensamiento tienen un rol protagonista en la producción de nuevas ideas.

Solo sabrás qué grado de efectividad le adjudicarás a tu idea una vez que la pongas en acción.

No te limites solamente a una idea y tampoco esperes aprobaciones y autorizaciones para ponerla en funcionamiento. Crea tú el cambio y los medios que necesitas para que funcione. Y recuerda: «Una idea de oro guardada en un cajón es sinónimo de fracaso.» Seguramente cada vez que quieras parir una idea nueva surgirán inconvenientes, pero tienes dentro de ti todo lo que necesitas para que tu idea funcione. Lo importante es ponerla en marcha.

10

TIEMPO DE ESPERA Y TIEMPO DEL CUMPLIMIENTO

> Hay un tiempo para cada cosa, y un tiempo para cada propósito bajo el cielo.
>
> La Biblia

«Se me ha ido el día, se me ha pasado volando, ni lo he visto...», «Hoy no me ha alcanzado el tiempo para nada, estoy agotado», «No doy abasto, no llego», «Hoy el día se me ha hecho demasiado corto», «Un poco más y ya estamos en Navidades otra vez».

¿Cuántas veces has escuchado estas frases? O mejor dicho, ¿cuántas veces al día las dices tú...? «No me alcanza el tiempo, el día debería tener más horas...»

Por lo general, cuando no disponemos adecuadamente del tiempo y no alcanzamos nuestros objetivos, todos pronunciamos alguna de las frases anteriores.

Debemos organizarnos el día desde que nos levantamos.

Pero todos disponemos del mismo tiempo: 1.440 minutos, 86.400 segundos, y con ese mismo tiempo algunas personas obtienen resultados extraordinarios y otras no. Para algunos es éxito y para otros, frustración e insatisfacción. Así pues, no se trata de más horas ni de más tiempo, sino de organización.

Comenzar el día con pensamientos orientados hacia nuestras metas nos dará el poder de iniciar nuestra jornada diaria con esperanza. Tienes que decir: «Hoy es el día para el logro de mi sueño», «Hoy va a ser un gran día». Esto te ayudará a optimizar el rendimiento en todas tus actividades, porque lo que digas de ti mismo y de tu futuro determinará tu manera de expresarte y de comunicarte con los demás.

En estos tiempos se duerme menos, y esto ha derivado en el estrés, la enfermedad del siglo. Junto con ella, ha llegado también el insomnio, mal sufrido por miles y miles de personas.

Y como consecuencia de estos males aparecen el cansancio y el agotamiento, encargados de disminuir las respuestas del individuo a todos los estímulos que debe afrontar.

Un ritmo de vida sin orden nos ocasionará un desorden en todo nuestro organismo y un menor rendimiento en todas nuestras acciones.

Necesitamos organizar nuestros horarios de alimentación, actividades, recreación, descanso y sueño para tener un mejor rendimiento en todo lo que planificamos.

> Solo es feliz aquel que cada día puede en calma decir: hoy he vivido.
>
> Horacio

Pensamos que no disponemos de tiempo suficiente para hacer lo que queremos, y con ese paradigma tampoco disfrutamos del tiempo libre y, en consecuencia, el estrés aumenta y la frustración crece.

Necesitamos premiarnos en nuestro tiempo libre haciendo lo que proporciona relax, gozo y descanso a nuestra mente y nuestro cuerpo. Necesitamos valorar el tiempo que tenemos y aprender a utilizarlo. Por todo esto, el objetivo de este capítulo es ofrecerte herramientas para que disciernas entre lo urgente y lo que puede esperar, entre lo importante y lo secundario, entre lo principal y lo irrelevante.

Brindarte pautas para que te preocupes menos y te organices mejor, te quejes menos y disfrutes más. El tiempo está a tu disposición. Elimina a los ladrones del tiempo: *a*) el pasado, *b*) la postergación: «lo haré mañana o luego» y *c*) la espera del momento adecuado.

¿Qué tenemos en nuestro pasado? Recuerdos buenos y malos, y ambos son nuestros enemigos. Los malos porque nos dan tristeza. Los buenos provienen de las victorias del pasado y son también un enemigo, especialmente para aquellos que viven intensamente recordando todo lo que fue.

Si abrazamos la gloria del pasado nos quedamos con eso, permanecemos en ese tiempo y comenzamos a detenernos. Por tanto, un uso ordenado y adecuado del tiempo mejorará nuestra calidad de vida y nuestros resultados.

1. ORGANIZAR NUESTRO DÍA

Cada persona es única, distinta. Nuestras huellas digitales son irrepetibles. Cada individuo utiliza su tiempo de acuerdo con sus actividades, sus responsabilidades y sus motivaciones, y según sus prioridades será el uso que le dé al tiempo.

> Un minuto que pasa es irrecuperable. Sabiendo esto, ¿cómo podemos malgastar tantas horas?
>
> Gandhi

Algunas personas viven con prisa toda la vida, les «falta tiempo», mientras que a otras les «sobra tiempo» porque no tienen en qué utilizarlo. Y el tiempo es el mismo para todos. Depende de cada uno lo que hace con su tiempo, cómo lo invierte.

Si nuestras acciones están dirigidas hacia el logro de nuestros sueños, seguramente aprovecharemos cada segundo de nuestro tiempo. Si en cambio no tenemos metas ni objetivos, sentiremos que el tiempo se nos va y no hacemos nada con él. Cada uno de nosotros necesita aprender a usar el tiempo de que dispone, valorando cada segundo, cada minuto, cada hora.

En *Electric Signal* leemos: «La puntualidad es la virtud que debe cultivar más que cualquier otra quien desee triunfar en la vida; si hay un error que debe evitarse, es el retraso.»

Necesitamos discernir lo importante de lo accesorio, lo principal de lo secundario.

Según se ha calculado, una persona pierde aproximadamente tres horas diarias inconscientemente. Pero lo que para unas personas es perder el tiempo, para otras no lo es. Por eso cada ser humano debe plantearse sus objetivos principales y sus prioridades, y luego usar el tiempo a partir de ellos.

Salomón dice: «El sol sale para todos, justos e injustos. Y tiempo y oportunidades tenemos todos.»

> Un tiempo bien organizado es la señal más clara de una mente bien organizada.

La distribución del tiempo en tu vida personal y social también tendrá mucho que ver en relación con tus metas y objetivos. Ignacio Buqueras y Bach dijeron: **«Dominar el tiempo es dominar la vida.»** El saber usarlo dará como resultado una vida con logros en tiempos récord.

Y para comenzar a conocer el significado que tiene el tiempo para ti, has de hacerte esta pregunta: ¿cómo estoy utilizando mi tiempo?

2. «EL TIEMPO ES ORO»

En primer lugar, debemos aprender que optimizar el tiempo es un requisito imprescindible en todas las actividades diarias. Las cosas más importantes deben hacerse primeramente. Cada segundo, minuto, hora que pasan son únicos y no vuelven más. Usarlos adecuadamente es esencial. «Controlar el tiempo es ahorrar tiempo.»

En muchas ocasiones, cuando debemos comenzar una actividad perdemos tiempo en buscar la información que necesitamos, papeles, documentos que no encontramos, desorden que nos retrasa y dificulta las tareas.

> Los que emplean mal su tiempo son los que se quejan de su brevedad.
>
> **Juan Luis Cebrián**

Recuerda que la desorganización nos hace perder el tiempo y, por el contrario, la organización de nuestras tareas nos hace ganarlo.

Y una forma de usarlo adecuadamente es elegir un sistema de trabajo en el que podamos pautar lo importante y separar lo urgente de lo que puede esperar. La siguiente guía te puede ayudar:

1. Evaluar y resolver lo más importante: un tiempo de evaluación nunca es tiempo perdido. Al parecer no trae beneficios a corto plazo, más bien parece un retraso. Sin embargo, el tiempo mismo se encargará de demostrar la importancia de una buena planificación y priorización de nuestras actividades.
2. Delegar: delega actividades que impliquen menos conocimientos que los que tienes, de esta forma tendrás más tiempo para ocuparte de aquellas que requieren necesariamente tu atención.
3. Resolver más tarde: cuando estamos cansados y nuestra mente se halla agotada, es mejor dejar ese trabajo hasta dentro de unas horas, o hasta el otro día. Después de descansar, nuestro rendimiento será mejor y obtendremos los resultados buscados. Necesitas distraerte un poco para crear mejor y producir eficientemente. Un esfuerzo apasionado del 90 por ciento es más productivo que un esfuerzo del 110 por ciento lleno de angustia.

Muchas veces pensamos que si trabajamos más horas es sinónimo de mayores resultados o rendimiento, y muchas veces este concepto es erróneo. Trabajar muchas horas no implica mejor rendimiento.

Debemos pensar en organizarnos para realizar un trabajo eficaz en determinado tiempo. Aprovechar el tiempo y usarlo adecuadamente es más rentable que usar mucho tiempo en vano.

Es necesario identificar prioridades para usar adecuadamente el tiempo del que disponemos. De esta forma no nos dispersaremos y nos acercaremos cada vez más a los resultados que esperamos.

En una entrevista, se le consultó a una empresaria sobre la forma en que ella priorizaba y organizaba su trabajo desde el

> Identificar prioridades es acertar en el blanco.

momento en que llegaba a su oficina, y ella señaló lo siguiente: «Primero delego a mi gente trabajo o respuestas pendientes; segundo, atiendo lo más urgente; y tercero, hago las cosas que me han quedado sin resolver, pero lo hago solamente si tengo tiempo. Y si algo es sumamente importante, lo llevarán a mi despacho, es decir, volverá a mí y me ocuparé de ello.»

Para usar eficazmente el tiempo necesitamos erradicar de nuestro vocabulario todos los verbos en condicional: iría, haría, creería, estudiaría, trabajaría, leería, actuaría... si lo siento, si tengo ganas y si se dan las circunstancias. Y cambiarlos por el indicativo: voy, hago, creo, estudio, trabajo, leo, actúo...

Todos nuestros actos influyen en la dirección de nuestros pensamientos. Muchas veces actuamos por impulsos o emociones y supuestos que nada tienen que ver con nuestros objetivos, lo cual explica por qué el resultado no es el esperado.

Nos movilizamos por impulso y no por información. Pero a la hora de los resultados, ellos no satisfacen las expectativas esperadas.

Pero el poder llevar a cabo nuestras acciones a tiempo determinará que los resultados sí sean los esperados. Cada persona utiliza su tiempo de acuerdo con sus actividades, sus responsabilidades y sus motivaciones; y según sus prioridades será el uso que le dé al tiempo.

Planifica todos tus objetivos, identifica las ideas a seguir y asígnales un tiempo de organización y un tiempo de ejecución. El poder planificarlas te facilitará ponerlas en acción en beneficio de tus propios logros.

Vivimos y aprendemos constantemente. Piaget dice que el niño conoce y aprende actuando. Aprender requiere su tiempo y el aprendizaje es progresivo, pero siempre te llevará al éxito si lo usas y lo pones en funcionamiento, no importa el tiempo que te exija.

Si nuestras acciones están dirigidas hacia el logro de nuestros sueños, seguramente aprovecharemos cada segundo de nuestro tiempo. Si en cambio no tenemos metas ni objetivos, sentiremos que el tiempo se nos fue y no hicimos nada con él.

Efectivamente, todas las personas gozamos de la misma cantidad de horas, minutos y segundos, pero el resultado que cada una obtenga dependerá del uso que cada una haga de ese tiempo.

> Podemos vivir el ahora y no permitir que la vida se nos vaya de las manos.

Tenemos tres bloques de tiempo: pasado, presente y futuro. El pasado ya fue, el futuro no existe, solo tenemos el hoy, el presente. El presente es un regalo de Dios. Es el momento más valioso. Tu momento más feliz es ahora. Estás vivo porque tienes tiempo, y tienes tiempo porque estás vivo, por eso tu tiempo se llama presente. Tú dispones de tu tiempo.

3. DE REUNIÓN EN REUNIÓN, DE CAFÉ EN CAFÉ

Los políticos, los empresarios, los docentes, los amigos, todos pasamos mucho tiempo de reunión en reunión.

Ir a una reunión, aunque para muchos es algo molesto y tedioso, a otros muchos los hace sentirse importantes. En esta época, cuando uno llama a una entidad o una institución para obtener una información precisa le responden que tal persona o tal otra... está en una reunión, que por favor llame más tarde.

Todo lo resolvemos en reuniones, en almuerzos, en cafés, y así es como funcionamos, en encuentros que no comienzan puntualmente y que finalizan... vaya uno a saber cuándo.

Por todo esto los escritores R. Kriegel y D. Brandt aconsejan reducir el tiempo de reuniones a la mitad y duplicar la productividad.

Mucho de nuestro tiempo lo pasamos de reunión en reunión, de café en café, porque para todo hacemos una reunión y todo sirve para juntarnos a comer algo. Solo dedicamos un mínimo de tiempo a llevar a la práctica las ideas.

Los gerentes pasan aproximadamente del 40 al 60 por ciento de su tiempo sentados hablando.

Un ejecutivo de negocios dijo: «El único momento en que hago trabajo de verdad es después de las cinco, cuando los demás se han ido.»

> A veces pierdes más tiempo en buscar, recopilar información y estar todo el tiempo buscando lo mejor, que tomando una decisión, ejecutándola y evaluando su resultado.

En la actualidad, las decisiones han de tomarse en tiempo récord, el tratar de que todos estén de acuerdo en una idea significa desperdiciar mucho tiempo.

Según PepsiCo, un comité se define como «un callejón oscuro por donde se conducen las ideas... y luego se las estrangula».

Generalmente el tiempo de tardanza en las reuniones es demasiado grande: primero hay que esperar a que lleguen todos, después a que terminen las conversaciones por grupos, luego el orador expone, y se extiende y habla y habla. Y esa reunión que tendría que haber sido de 45 minutos se prolonga a una hora y media, con muy poca gente prestando atención al discurso...

Organizar el tiempo es primordial. Si sabemos cuándo empezamos una actividad, es necesario determinar también cuándo debemos terminarla. De esta forma, la misma tendrá resultados exitosos, sin desperdiciar nuestro tiempo y nuestra atención.

Debemos ser puntuales en comenzar y en finalizar una actividad.

Por tanto, lo importante es reducir el tiempo de reuniones y ser más productivos y eficaces en la verbalización y ejecución de las ideas.

> La mayoría de las personas gasta más tiempo y energía en hablar de los problemas que en afrontarlos.
>
> Henry Ford

Cuanto más tiempo desperdiciemos resolviendo situaciones que ya pasaron y que no nos dan beneficio alguno, menos tiempo tendremos para hallar nuevas soluciones.

La eficacia en el uso del tiempo es uno de los recursos que debes tener en cuenta para lograr tus objetivos.

4. EL TIEMPO ES ACCIÓN

Actualmente, la velocidad cumple un papel primordial, por eso cualquier inconveniente que surja durante la jornada es motivo para ponernos de mal humor, nerviosos, enojados, iracundos.

Cada vez más usamos los mensajes de texto, y las fibras ópticas, y las empresas de internet compiten por ser las más rápidas. Todo el tiempo nos encontramos corriendo y muchas veces no sabemos para qué. Pero vivimos en una época en que todos corren... y por supuesto, nosotros también.

Nuestros sentidos nos capacitan para ejecutar nuestras acciones correctamente; el tema es que cuando estamos todo el día corriendo, no hay tiempo para pensar, ni para escuchar ni para responder, porque para todo ello necesitamos tiempo.

Bernard Shaw dijo que las personas corrientes piensan una vez al año y que él era brillante gracias a que pensaba un poco una vez a la semana.

Para generar una idea necesitas tiempo para conocerte a ti mismo y saber que eres capaz de crearla y ejecutarla.

Y seguramente sin la presión obsesiva del tiempo aparecerán y seremos capaces de generar lo que llamamos «ideas de oro».

> Hay que saber, en todo momento, cómo adecuarnos a las necesidades personales y profesionales, que no son iguales para todos. Saber lo que es prioritario y diferenciar lo imprescindible de lo prescindible, lo urgente de lo aplazable. En muchos casos es importante dejarse ayudar.
>
> Catalina Cirer Adrover

5. TIEMPO PARA DISFRUTAR

El tiempo del cual disponemos no es solo para trabajar, sino también para ir al cine, leer un libro, estar con amigos, con la familia, descansar o dormir, por qué no, una buena y placentera siesta. Y todo esto también contará en el buen uso, administración y rendimiento del tiempo.

El ocio y la recreación son necesarios: pensarás con más claridad, con mayor discernimiento, y las mejores ideas y los mejores proyectos nacerán allí. O sea, cuando tu mente esté distendida y libre de la presión del tiempo, de las reuniones, de teléfonos móviles, de *notebooks* y de obligaciones.

Para obtener resultados en cualquier proyecto, debemos ser conscientes de que además de administrar correctamente nuestro tiempo, es necesario dormir el tiempo suficiente.

Porque una vez que hayamos descansado el tiempo necesario, el tiempo que nuestro cuerpo requiere, los problemas ya no se verán tan importantes; tampoco sentiremos que es imposible encontrarles solución como cuando pretendemos resolverlos estando agotados.

Al descansar mal, nuestro rendimiento y sus resultados no serán los mejores.

Hoy en día corremos para todo: para comer, para ir a trabajar, para ir a la universidad, hasta para ir a dormir, como si necesitáramos dormir apresuradamente. Y esta forma de vida, sin darnos cuenta, nos desgasta y ocasiona un agotamiento físico, mental y espiritual que no desaparece ni siquiera cuando llegamos a casa.

Todo el tiempo estamos trabajando, corriendo una carrera para obtener excelentes resultados y mejores ingresos. Lo que sucede es que, a este ritmo, nuestro cuerpo va a rendir mucho menos y con un mayor porcentaje de dificultad y error producidos por el cansancio,

> Querer abarcar todo y hacer todo junto te demandará tiempo y redundará en agotamiento, baja productividad y resultados mediocres.

sin tener en cuenta que los pequeños errores muchas veces pueden causarnos grandes trastornos.

Estar todo el tiempo con el pie en el acelerador nos encierra en una trampa en la que el estrés es el protagonista de lo que nos sucede. Esta conocida enfermedad del siglo afecta las emociones, la salud, y la productividad, sea cual sea la función que desempeñemos. Pero a pesar de ello, nadie quiere ni parece estar dispuesto a pisar el freno. Siempre hay que hacer algo más... y el tiempo nunca nos alcanzará, porque seguiremos incrementando la lista de obligaciones.

En Estados Unidos las incapacidades por accidentes ocasionados por el estrés cuestan diez mil millones de dólares anuales a las compañías de seguros.

El agotamiento te debilita, te consume, te anula, y la originalidad que tenías se desvanece.

La Organización Mundial de la Salud definió: «Dormir bien es vivir mejor; dormir bien, en calidad y número de horas, es la forma más adecuada de iniciar un nuevo día con las mejores posibilidades de éxito.»

6. EL MEJOR TIEMPO ESTÁ POR VENIR

Tu vida consiste en tu tiempo. Dispones de veinticuatro horas por día para hacer lo que quieras con tu tiempo. Este es tu tiempo. Un sueño grande que necesita ser conquistado te está esperando y todo lo que viviste te ha preparado para alcanzarlo.

Todo lo sucedido en tu pasado, sin tú saberlo, te estaba preparando para el éxito de tu mañana. No reniegues de lo bueno ni de lo malo de tu pasado, porque aunque no entendieses lo que estabas pasando, te estabas preparando para el presente que te toca vivir y para el futuro que debes conquistar.

No hay nada peor que perder el tiempo, porque tiempo es sinónimo de vida. Perder el tiempo es perder la vida.

Hay gente que dice: «Voy a dormir 8 horas, 9 horas, 11 horas, 15 horas, 18 horas, 24 horas, 3 semanas, 1 mes, 6 años...» Hay gente que vive dormida, gente que está descansando desde hace años.

Lo que viviste en tu ayer es lo que hoy hace que estés donde estés, y tu futuro te encontrará conforme al lugar en que hoy estés.

Descansar es necesario, pero no te tomes más tiempo del razonable para despertarte y volver a empezar... ¿Cuánto tiempo necesitas descansar?

Dependerá de lo que esperes y anheles para tu vida.

¿Sabes por qué hay gente que vive todo el tiempo descansando? Seguramente porque obtuvieron un logro, un éxito, una conquista, y entonces pensaron: «Ya llegué, ya lo logré, ya cumplí», y ahora que ya tienen lo que querían se echan a descansar, se duermen en los laureles, en los éxitos pasados, viven de recuerdos, de las fotos amarillentas, de lo que fue, y descansan. Duermen porque alcanzaron un logro, un triunfo, y sin darse cuenta se convierten en esclavos de lo que lograron.

Tienes que descansar, pero no más de la cuenta. Si conquistaste un sueño o un proyecto, felicidades, pero hay uno nuevo, una nueva conquista, un propósito mayor que te está esperando.

No puedes permanecer todo el tiempo sentado. No puedes vivir pensando en tus éxitos y logros pasados...

El rey Salomón dijo: «Un poco de dormir, y otro poco

de dormir, y cuando te despiertas, te han robado todo lo que construiste.»

Tu futuro te encontrará siendo un esclavo si en tu presente estás descansando. ¡¡Tienes que estar en movimiento!! No te quedes quieto, sé rápido, necesitas estar atento para capturar tu futuro, tu bendición, y no dejarla pasar. Tienes que moverte, porque tu naturaleza te preparó para eso, para que escales nuevas cimas y captures nuevos sueños.

Estás vivo en este momento y en este lugar porque hay una tarea que tienes que hacer. Pero si la dejas pasar, otro va a quitarte lo que te corresponde. Y si otro toma tu lugar, vas a vivir insatisfecho. Tú eres el dueño de tu propio destino. Lo mejor está por venir. Usa el tiempo y disponlo a tu favor.

RESUMEN

Una de las peores cosas que nos pueden pasar es perder tiempo. Dios nos da 86.400 segundos por día para que los usemos como queramos.

Toda la gente dispone de veinticuatro horas por día: los buenos, los malos, los ricos, los pobres; el sol sale para todos. El dinero va y viene, pero el tiempo solo va. Puedes guardar el dinero bajo el colchón, pero no puedes guardar el tiempo.

> Tu vida es muy valiosa para dejarla pasar sin dejar huella.

El tiempo nos da permanentes oportunidades. Lo importante es saber captar esos momentos y disponerlos a nuestro favor. Hay un pasaje en la Biblia que habla sobre este tema con precisión:

Me volví y vi, bajo el sol, que ni es de los ligeros la carrera, ni la guerra de los fuertes, ni aun de los sabios el pan, ni de los prudentes las riquezas, ni de los elocuentes el favor; sino que tiempo y ocasión acontecen a todos.

La oportunidad estará siempre del lado de los que la buscan, de quienes estén decididos el cien por cien a cumplir sus objetivos.

No pierdas tiempo con gente complicada, porque este tipo de gente ha perdido su vida y se la hacen perder a los demás.

Abraham Lincoln dijo: «Si tuviera ocho horas para derribar un árbol, gastaría seis horas afilando el hacha.» Eclesiastés 10:10 dice (de ahí lo tomó Lincoln): «Si se embotare el hierro y su filo no fuera afilado, habría que añadir más fuerza.»

Cuando seas libre no controlarás a nadie, y nadie tendrá control sobre ti. Solo así vendrán tiempos y logros ilimitados.

Algunos se mueven solo por fuerza, pero no es por esfuerzo, ni con hachas. Libera a la gente de ti.

El doctor Stephen Rechstschaffen, autor del libro *Time Shifting*, sostiene que el 95 por ciento del estrés proviene de nuestro sentido de escasez de tiempo: esa idea nos dice que es imposible hacer todo lo que necesitamos en el tiempo del que disponemos. Como si nunca dispusiéramos del tiempo que necesitamos.

Hablamos, comemos, trabajamos, descansamos y todo lo hacemos deprisa, ansiosos. Hasta en el momento de ocio estamos apresurados, sin darnos cuenta de que cada instante que pasa es irrepetible y no habrá otro igual. Vive el presente con plenitud, no desperdicies tu energía en tu pasado, que por eso se lo llama pasado, porque fue y porque pasó.

Planifica tu hoy y tu futuro. Sé feliz, no permitas que la tan ansiada felicidad se te escape de las manos. No seas un espectador de tu historia, sé el autor de ella. Solo tú usarás el tiempo con sensatez y solo tú harás que las cosas sucedan.

Muchos problemas no se verían tan dificultosos si dispusiéramos de tiempo para relajarnos y para que la mente pueda distenderse y encontrarles todas las soluciones posibles.

Solo de esta manera tu mente y tus pensamientos tendrán la oportunidad de generar más recursos.

Libre de la presión del tiempo, generarás ideas más ricas y distintas alternativas que si tu mente estuviera rígida y siempre limitada por el factor tiempo.

Algunas situaciones deben resolverse urgentemente y otras no. Debes identificar tus problemas y fijarles un orden de prioridad. De esta forma, puede que dejen de ser problemas.

El tiempo avanza, la vida pasa y tienes que invertir tu tiempo en tus sueños y proyectos. La forma de lograr resultados exitosos es solamente buscándolos. «Pide y se te dará, golpea y se te abrirá, busca y encontrarás.» Dispones de tiempo y de vida para realizarlos.

¿Recuerdas cuáles son los enemigos de tus sueños?

1.ᵉʳ enemigo: *Tu pasado*
2.º enemigo: *Posponer: «Lo haré mañana o luego»*
3.ᵉʳ enemigo: *Esperar el momento adecuado*

¿Qué tenemos en nuestro pasado?

Recuerdos buenos y malos, y ambos son nuestros enemigos. Los malos porque nos dan tristeza. Los buenos son las victorias del pasado y son también un enemigo, especialmente para las personas que viven intensamente recordando todo lo que fue.

Si abrazamos las glorias del pasado nos quedamos con eso, permanecemos en ese tiempo y comenzamos a detenernos.

> Podemos vivir el ahora y no permitir que la vida se nos vaya de las manos.

11

FRACASAR TE ESTÁ PERMITIDO

El fracaso no es un crimen; no aprender de los fracasos sí lo es.

WALTER WRISTON

«Si pasaste por muchas pruebas no puedes detenerte ahora: delante de ti hay algo grande que tomarás.» No te detengas: si fuiste capaz de llegar hasta aquí, tienes que ir hasta allá y conquistar todo lo nuevo que está preparado para ti.

Cometer errores está permitido, porque no hacerlo nunca te hace más mal que bien.

Roberto Goizueta dice: «Uno puede tropezar solamente si se está moviendo», y «cuando nos dejamos motivar por el empeño de evitar los errores, emprendemos el camino de la inactividad».

El temor a equivocarte te conducirá a abortar todo lo que podría llegar a ser una idea brillante con resultados sorprendentes.

> Si usted es más grande que sus errores y fracasos, se recuperará y progresará más rápido. Si se paraliza con ellos, entonces necesitará adquirir más conciencia de su exclusividad y de su valor.
>
> Brian Koslow

Cuando siempre repetimos las mismas conductas tratando de evitar *alguna posible equivocación*, matamos la creatividad y el talento, convirtiéndonos así en seres improductivos.

La crisis y el fracaso te podrán llevar al éxito, pero necesitarás controlar que ninguno de los dos entre en ti. Si estás pasando por una crisis, por un fracaso o una equivocación, no te angusties, ese no será tu lugar de permanencia; serás promovido a un nuevo nivel, en el que el éxito y el acierto te estarán esperando.

1. EL MIEDO TE PARALIZA

El miedo a equivocarte paraliza y anula, lo que determina que gastas todo tu tiempo en investigación, planes, reuniones, sugerencias... y otra vez investigación, planes, y así sucesivamente. Porque nunca ejecutas tus proyectos por ese miedo a equivocarte.

Sin darte cuenta, esa preocupación que tienes por no fracasar te hará cometer más errores y otorgará a la culpa un lugar de primordial importancia.

Vivimos culpando de nuestros errores a los demás, dedicándole más tiempo a eso que a encontrar posibles soluciones. La culpa no te permitirá asumir nuevos riesgos y desafíos para llegar a la meta. Destierra de tu mente este pensamiento incorrecto que lo único que hace es colocarte en un papel de víctima para el cual no fuiste creado. Recuerda que «errar es humano» y nadie nació sabiéndolo todo.

Para evitar errores, mantenemos siempre nuestros pensamientos llenos de viejas ideas deprimentes y obsoletas. En cambio, cuando equivocarse esté permitido, el individuo es capaz de elaborar un aprendizaje más agudo y más creativo.

> «De los errores se aprende...» Seguramente habrás escuchado cientos de veces esta frase que, por cierto, es verdadera.

Al equivocarte puedes revisar lo que venías haciendo, de tal manera que estarás generando una nueva apertura al cambio y el éxito. *Aceptar el error es el primer paso, el segundo es corregirlo, y el tercero es el éxito.*

Muchos exitosos fracasaron la primera vez que lo intentaron, pero lo volvieron a intentar hasta alcanzarlo. Y para sobreponerte al proceso, necesitarás sacar a la luz una gran cantidad de coraje, del potencial que hay dentro de ti y que quizá todavía esté dormido, esperando despertarse. *El coraje* te dará fuerza, valor y ánimo para seguir luchando; *el coraje* no te permitirá sentirte vencido.

El coraje matará todas las excusas que te ocasionó el fracaso y será el motor que abrirá todas las puertas y conseguirá todas las oportunidades que necesitan ser conquistadas.

Las cosas que ves no son las que son. **No vemos las cosas como son, sino que las vemos como somos.**

Elimina todas las excusas, porque ellas nacen del temor y la inseguridad de enfrentarse al error. Y una persona que vive excusándose de todo, debilita la confianza de los demás para con ella, generando malestar e incertidumbre.

No vivas siempre excusándote por lo que no fue, por lo que no

> Una excusa siempre es el reconocimiento de que algo no se ha cumplido.
>
> Federico Gan

resultó, asume riesgos, tu naturaleza de vencedor te lo permite. Siempre habrá posibilidades tanto de perder como de ganar.

Tu pensamiento flexible y la capacidad de aprender del error te harán enfrentar el nuevo desafío con mayores posibilidades de recompensa.

«Quien intenta algo y fracasa es mucho mejor que quien no intenta nada y triunfa» (Anónimo).

Edison realizó cientos de experimentos y pruebas antes de crear la bombilla eléctrica. Su colaborador, después de tantos intentos, le preguntó: «¿Por qué persistes en semejante locura? Lo has intentado cientos de veces y siempre te ha salido mal.» Y Edison le contestó: «¡En absoluto! No he tenido ni un solo fracaso. He aprendido quinientas formas de no construir una bombilla.» Y con el tiempo, como todos sabemos, triunfó. Todo dependerá de cuál es el lugar en que te pares a mirar el supuesto fracaso.

Sé persistente con tu sueño, con tu idea, con tu meta, y obtendrás resultados extraordinarios. El éxito también es sinónimo de persistencia, coraje y esfuerzo.

«La persistencia es lo que hace posible lo imposible, lo posible probable, y lo probable seguro...» (Robert Half).

2. ERRAR ES HUMANO

Lo importante es ver y encontrar nuevas oportunidades y erradicar todos los inconvenientes que se encuentran en el día a día, pero que se escondían por miedo al error y al fracaso expuesto.

Según Eleanor Roosevelt, *«nadie puede herirte sin tu consentimiento»*.

Si aplicamos viejos principios, estrategias o ideas, nunca podremos participar ni del cambio ni de los éxitos vanguardistas.

«Que hablen mal de uno es espantoso. Pero hay algo peor: que no hablen» (Oscar Wilde).

¿A quién le gusta cometer errores? Seguramente a nadie. Se piensa que con ellos se pierde tiempo y muchas veces dinero. El error nos incomoda porque nos hace sentir mal, y a veces aún más: perdemos el trabajo, clientes, ventas, personas, por respuestas que no han sido las esperadas. Pero no equivocarse nunca, el no poder fracasar, nos hace más mal que bien, en cualquier ámbito en el que actuemos. El miedo al error reprime las ideas brillantes, la innovación, la creatividad, y por supuesto los resultados extraordinarios. Por ejemplo, Bill Gates contrata en muchas ocasiones a personas que han cometido errores, y explica: «Eso demuestra que esa gente corre riesgos.» La manera en que alguien maneja lo que marcha mal es un indicador de cómo maneja el cambio.

> Él unico hombre que nunca se equivoca es el hombre que nunca hace nada.
>
> Theodor Roosevelt

Las personas que tienen mucho miedo a equivocarse no son capaces de tomar decisiones en momentos importantes. Todo su tiempo lo dedican a analizar, estudiar y prepararse, pero no actúan. El miedo los convierte en estatuas.

Y como consecuencia de ese miedo, se refugian en logros pasados, en las ideas de siempre, y funcionan con el piloto automático todo el tiempo. Nunca se detienen a crear; no existen las posibilidades de nuevos éxitos. Lo importante es mantener y conservar. Conformarse con lo que tienen se convierte en un estilo de vida.

Por el contrario, cuando el fracaso o el error no son exhibidos como un demérito y un castigo, el hombre está más dispuesto a la innovación, al progreso y al cambio.

Muchas veces, negar el error nos lleva a cometer más errores y con resultados más graves, más difíciles de solucionar que el problema original.

Así sucedió con el caso Watergate. Primero se negaron los hechos, luego se taparon, lo cual profundizó la crisis, y posteriormente el presidente tuvo que dimitir. Si se hubiera admitido la falta al comienzo, nada de eso habría pasado.

> Eres una creación preparada para asumir riesgos y no temerle al error, sino para enfrentarlo y cambiarlo.
> Lo que necesitas está dentro de ti.

De igual manera, cuando un político se sincera con su pueblo y le habla con la verdad, mostrándole sus aciertos y sus posibles errores, y se reconcilia con su gente disculpándose, seguramente su capacidad para obtener votos en las próximas elecciones crecerá notablemente.

Entonces, ¿existe alguna manera de no tener éxito?

Sí, en todas aquellas situaciones en que negar lo ocurrido sea más importante que resolverlo. Y muchas veces esa misma obsesión de perfeccionismo lleva a cometer más errores.

Recordemos que no nacimos hablando todas las palabras, ni diciendo mamá o papá. Primero fueron sonidos, después balbuceos, hasta que llegó la palabra. Y durante este proceso hubo infinidad de errores. Esto no implica que a los errores no haya que prestarles atención o tenerlos en cuenta; por supuesto que debemos detenernos y observar qué sucedió, pero de lo que se trata es de no quedarse a vivir allí.

Los errores deben ser vistos como parte de un proceso de aprendizaje, de asimilación y acomodación, del cual saldrán los mejores proyectos, las más acertadas estrategias y los resultados más extraordinarios.

Sin embargo, no se trata de organizar una fiesta cuando se cometen errores o se fracasa, sino tratar de que no te anulen y coarten la genialidad de intentar algo diferente la próxima vez.

Muchos genios fracasaron la primera vez, pero finalmente lograron lo que se proponían. Muchos éxitos actuales provienen de muchos errores del ayer.

La pregunta tendrá que ser: ¿cómo modifico este error, este fracaso, para poder convertirlo ahora en un éxito...?

Necesitamos poder ver el fracaso desde otra óptica, sacarlo del lugar de la tragedia y colocarlo en el lugar del aprendizaje. Si nuestra exigencia es siempre tener que rendir el cien por cien en todo, seguramente cometeremos errores, porque en la perfección no está permitido fallar, con lo cual nos veremos obligados a actuar con presión y nerviosismo continuo.

> La llegada a la solución correcta muchas veces pasa por diferentes tramos y diversas curvas. Pero este recorrido es esencial en el camino del logro.

En estas circunstancias, todo lo que hagamos va a estar cargado de tensión, anulando sin darnos cuenta la espontaneidad y la creatividad necesarias para vivir en una sociedad donde el proceso de aprendizaje y adaptación es continuo.

Pero para muchas personas los fracasos son errores tan graves que los anulan y los dejan paralizados. Es por eso que aprender de los errores y no volverlos a cometer es en sí mismo un valioso aprendizaje para el individuo.

El vivir diario nos enfrenta con situaciones o dificultades que debemos resolver, y poder aprender de los errores cometidos nos ayuda a obtener mejores resultados.

Errar es humano, pero la carrera es de los valientes

Todos tenemos el mismo propósito: alcanzar nuestras metas y nuestros sueños, pero cuando no conseguimos alguno de ellos, el sentimiento de frustración aparece automáticamente.

Cuando tu meta es comprar una casa, un coche, tener un hijo, formar una familia, un partido político, tener prestigio, poder, seguidores, fans, éxito, pero esto no se concreta en el plazo previsto, inmediatamente vivirás alguna de estas dos reacciones, o quizá las dos:

Enojo
Te hace gritar, golpear, insultar o aun matar. Y detrás del enojo muchas veces aparecerá la violencia. Detrás de todo hombre violento hay un hombre frustrado. Sentimientos como enojo y rabia aparecerán con uno mismo y con los demás.

Tristeza
Es todo lo opuesto. La persona siente melancolía, resignación y dice: «Bueno, es lo que me tocó pasar», «Es lo que Dios permitió para mí», «¡Qué puedo hacer!». Y en su vida comienzan a aparecer el aislamiento, la introversión y la tristeza.

> Estos sentimientos aparecen porque el ser humano no acepta la frustración y ante ella se enfada o se deprime.

Muchas veces no alcanzamos las metas que nos proponemos y los proyectos que ideamos por dos motivos:

a. La culpa
Tienes una meta, no tienes obstáculos, pero igualmente no llegas a la meta.

Hay personas que estudian, tienen una familia estable, son prósperas, no tienen grandes problemas, pero igualmente se frustran por sentimientos de culpa. Son personas que consciente o inconscientemente se boicotean porque sienten que no son merecedoras de alcanzar esa meta y disfrutarla.

b. Insistes en lo que no resulta
Lo intentas, lo intentas, pero no llegas.

Lo que sucede es que siempre insistes con lo mismo, y si haces reiteradamente lo que no funciona, siempre tendrás los mismos resultados negativos.

Cuando te equivocas, tienes que revisar en tu mente toda la situación vivida: revisarla y determinar en qué punto te equivocaste, para después verte mentalmente haciendo las cosas bien. Para ello necesitas aprender de los errores, porque el problema no es equivocarse sino no tomarse el tiempo necesario para aprender del error, para no volver a tropezar con lo mismo.

Hay mujeres que tienen una relación con un maltratador, lo dejan y vuelven a salir con otro igual; hay personas que prestaron dinero y fueron estafadas, pero igual lo siguen haciendo, y todo esto les sucede porque nunca se ha detenido a ver dónde estaba su fallo.

El error es una fuente de crecimiento. Nunca te sientas mal por él, obtén provecho y realiza la revisión correctiva,

Revisando el error, aprendes. para que la próxima vez te salga bien. Seguramente, al revisar tu situación surgirá una revelación, una idea estratégica que sí te llevará al logro de tu meta.

Siempre he tenido un lema que funciona: APRENDO LA LECCIÓN, OLVIDO LOS DETALLES Y SIGO ADELANTE. Debes permitirte equivocarte para aprender.

3. FRACASO: ¿DERROTA O VICTORIA?

Si lo que quiso destruirte no lo consiguió, tendrás la autoridad para decir: «Cuando soy débil, entonces soy fuerte.»

El fracaso te derrota

Los estudiosos del cuerpo humano dicen que cada órgano puede albergar una emoción. Cuando una emoción se reprime, puede meterse en cualquier órgano del cuerpo, y ese órgano se enferma; porque cuando hay presión, toda esa crisis y todo ese fracaso se somatizan.

Cuando uno se siente presionado, cuando está en crisis, no ve alternativas. La única solución es morirse, desaparecer, deprimirse y abandonarse. Porque cuando una persona se siente fracasada, queda atascada en el problema, en la crisis, y pasan los años y usa frases como estas: «Bueno, es lo que me tocó en la vida, llevaré mi cruz», «Tengo que perder para ganar»,

Puedes saber muchas cosas, pero lo que más necesitas es saber qué hacer para que esas cosas funcionen.

«Y sí, perdí muchas cosas, pero también gané otras». Las crisis y los fracasos quieren hacerte ver que no existen más posibilidades. ¡¡¡FALSO!!!

Para aprender a triunfar sobre las presiones, necesitas entender cómo funcionan algunos principios. Por ejemplo, todos sabemos qué es un piano, sabemos que sale sonido de él, pero no todos sabemos cómo hacerlo sonar.

No tienes que ver la realidad con tu cerebro sino con tu espíritu

Cada cerebro es distinto, por eso cada uno ve de manera distinta, y lo que ve no es la verdad, sino lo que el cerebro dice que es la verdad. Por eso, cada persona interpreta la realidad conforme a su cerebro y a su manera de ser. Observa lo que sucedió en este caso:

«El concepto es interesante y está bien formulado, pero para lograr una calificación superior a C la idea debe ser factible», escribió un profesor de administración de la Universidad de Yale respecto a un trabajo en el cual se proponía un servicio de entregas de un día para el otro.

Pero el autor del trabajo, Fred Smith, no hizo caso del enfoque en que se basó el profesor para catalogarlo de imposible. Por el contrario, insistió con su idea y fundó Federal Express. No solo lo defendió y lo puso en marcha, sino que triunfó y se hizo multimillonario.

Lo que para uno era imposible de visualizar y concretar, para el otro fue un éxito, el logro de una persona que no se dejó subestimar ni descalificar, ni abandonó su proyecto en manos de supuestos técnicos.

Este es uno de los tantos comentarios erróneos cometidos por universitarios expertos que se basan en viejos paradigmas estructurales.

A mitad de la década de los setenta, los ingenieros y los investigadores de mercado de Sony le dijeron a Akio Morita, presidente de la junta directiva, que no podrían vender más de diez mil *walkmans* porque las unidades no tenían capacidad de grabación. Morita, dispuesto al cambio, rechazó esta respuesta y ofreció renunciar si el producto no tenía el éxito que él esperaba. En diez años Sony había vendido más de veinte millones de *walkmans*.

Masura Ibuka, fundador de Sony, expone: «Nunca me han servido mucho los especialistas, ellos tienen la tendencia a presentar argumentos para demostrar por qué no se puede hacer algo, y nosotros siempre hacemos hincapié en hacer algo de la nada» (revista *Fortune*, febrero de 1992).

Para generar éxitos y no fracasos debes pensar como creador, con una mente abierta, y con un sistema de pensamiento de probabilidades, posibilidades y riesgo.

Todo lo que vemos es relativo, porque solo es la interpretación que entra por nuestros ojos y las imágenes que genera el cerebro. Primeramente, necesitas ver y concretar tus proyectos en tu espíritu. De esta forma nadie podrá frustrar tu propósito y tu desafío.

Si tu espíritu está apagado, tus ojos funcionarán por las imágenes de tu cerebro, pero si tu espíritu está levantado, si está despierto, determinará que **no avanzarás por vista, sino por fe**.

> Si tu espíritu está dormido, tu estima va a resultar dañada.

No nos debemos dejar llevar por las imágenes del cerebro, sino por el sueño, por el objetivo y la meta que están en el espíritu, y cuando ese espíritu envía esas visiones y determinaciones al cerebro, tu autoestima se eleva.

Tu autoestima no puede depender de lo que tu cerebro ve, sino de lo que tú te propusiste en tu espíritu y tu corazón.

El fracaso te conducirá al éxito

«Lo único que hará el fracaso es romper tu pecera.» Estabas tranquilo, pero fracasaste, te equivocaste y empezaste a pensar, a activar toda la energía que albergabas en tu interior pero que estabas desperdiciando. Comienzas a planificar ideas que nunca habías pensado, a liderar gente que nunca imaginaste, porque el fracaso te sacará de la zona de acomodamiento y frustración. **No fuiste creado para moverte dentro de muros y límites, sino para avanzar sin fronteras.**

Todos alguna vez cometemos errores, pero esto no es una fatalidad. Lo que sí es un gran error es vivir hablando y perdiendo el tiempo en ellos. Lo inteligente es pensar en soluciones y en los próximos pasos a dar.

> El fracaso no es malo. Lo malo es permanecer en él.

Hablamos más tiempo de los errores que de las soluciones. Debemos concentrarnos en las soluciones y no en los fracasos. Centrarnos en ellos nos hará perder de vista nuestro objetivo.

El éxito llegará a través del sistema de prueba y error. Pruebas y te sale cada vez mejor, pruebas y eres constante, perseverante, hasta que llegas y lo logras. Entonces, en la línea de llegada, aprendes que el fracaso no te mató, sino que te estimuló a seguir, a aprender, a mejorar y alcanzar finalmente el éxito y el resultado buscado.

Robert Kiyosaki disiente con los que piensan y afirman que el ataque a Pearl Harbor fue un error estadounidense. Él piensa y asegura que fue un error japonés. Pearl Harbor se convirtió en un grito de batalla. Convirtió una de las más grandes pérdidas de Estados Unidos en una razón para ganar. Esta gran derrota le dio fortaleza a Estados Unidos, que pronto se convirtió en una potencia mundial. «El fracaso inspira a los ganadores y derrota a los perdedores»; este es el secreto más grande de los triunfadores y el secreto que los perdedores no conocen. El fracaso los inspira a triunfar, y por tanto no tienen miedo a perder.

Si nos esforzamos y trabajamos en pos de nuestros objetivos a pesar de habernos equivocado una y otra vez, nos acercaremos cada vez más a nuestros logros. Progresivamente, iremos mejorando; lo importante es no perder de vista nuestras metas y nuestro propósito.

El éxito no dependerá de tener un coeficiente intelectual prodigioso, o de estrategias brillantes, sino de una decisión clara y una voluntad férrea de no quedarse a mitad del camino.

Ubicado en esta posición, lograrás todo lo que te propongas. Decídete a alcanzar el triunfo, que es una decisión personal. Tu potencial y tu persistencia te llevarán a que lo conquistes.

> No he fracasado, he encontrado diez mil soluciones que no funcionan.
>
> Benjamin Franklin

Beethoven definió así su obra: «Es el resultado de un dos por ciento de inspiración y de un noventa y ocho por ciento de trabajo.»

En el riesgo siempre habrá tantas posibilidades de perder como de ganar. Tu pensamiento flexible y el aprendizaje del error te harán enfrentar el nuevo desafío con mayores posibilidades de recompensa.

Todo dependerá del lugar en que te pares a mirar el supuesto fracaso. Sé persistente con tu sueño, con tu idea, con tu meta, y obtendrás resultados extraordinarios. El éxito también es sinónimo de persistencia, coraje y esfuerzo.

Ahora bien, de la actitud que asumas ante el fracaso dependerá si este te llevará a la derrota o si te promocionará a un nuevo nivel de desafíos. Dependerá solamente de ti.

4. Ejercer autoridad sobre el fracaso

Si tengo autoridad sobre todo, significa que nunca he perdido nada

Hay personas que dicen: «He perdido el coche», «He perdido el trabajo», «He perdido este proyecto», «Todo se me está yendo de las manos». Puede que estés pasando por esta situación de pérdida, pero dependerá del pensamiento que estés elaborando en tu mente, de la forma en que vayas a plantarte delante de esa dificultad. Desde ya, este tipo de pensamientos es erróneo.

Tal vez no tengas momentáneamente el control de las posesiones en el mundo exterior, pero sí lo posees en tu espíritu, en tu mente y en tu capacidad de logro y triunfo. Lo que significa que si eres una persona decidida a poseerlo en el mundo espiritual, también lo vas a tener en la realidad exterior. **Una cosa es controlar o tener en el mundo material y otra es poseer en lo espiritual.**

> **Para castigarme por mi oposición a la autoridad, el destino me hizo a mí mismo una autoridad.**
>
> A. Einstein

Nunca perdiste nada porque fuiste hecho para ejercer autoridad sobre todas las cosas creadas, bendecido y diseñado para señorear todo lo que existe sobre la Tierra.

Pudiste haber perdido el control, haber perdido pasajeramente tu casa, el trabajo, la salud, a tus empleados, «el tener», pero nunca perderás «el poseer» si te ciñes a este principio.

Tienes autoridad sobre tu vida y sobre todo lo creado, y si la ejerces correctamente volverás a controlar aquello que te fue arrebatado. Por eso es que nunca perdiste nada, todo está ahí, donde estaba, y solo te compete reconquistarlo.

Si este principio se te revela, cambiará tu estructura de pensamiento y tu manera de vivir y ver los problemas.

5. VUELVE A EMPEZAR

Cierra los ojos, piensa en un fracaso que hayas tenido y recuerda qué sentiste en esa situación, ante ese dolor.

Si esto te sirve de consuelo, te diré que todos alguna vez nos hemos sentido así. ¿Quién no ha pasado por una frustración en alguna área de su vida? ¿Quién no ha cometido alguna vez un error que lo llevó al fracaso?

Todos en algún momento nos hemos sentido así, y todos alguna vez hemos cometido errores. No importa el motivo, pero todos hemos fracasado alguna vez.

Cuando una persona fracasa enseguida experimenta síntomas, sensaciones, frustraciones y preguntas: «¿Cómo pudo haberme pasado esto a mí?», «¿Cómo no me di cuenta antes?». Y el autorreproche es permanente: soy un tonto, no sirvo, me fue mal, y sentimos vergüenza.

El fracaso te dice: «ya está», «no vuelvas a intentarlo», «no vuelvas a probarlo porque te va a pasar lo mismo», «te va a ir mal», «te timaron y vas a volver a sufrir...». Pero tienes que aprender que nunca es tarde.

> Cada día que comenzamos, cada nueva tarea que emprendemos, es un nuevo comienzo.

El horario biológico puede decirte que ya pasó tu cuarto de hora, pero el reloj de tus creencias verdaderas y de tus pensamientos correctos te dice: «no es tarde, tienes una nueva posibilidad, puedes volver a empezar porque todo lo que hagas te saldrá bien».

Tu lema tiene que ser: «El siguiente»

¿Golpeas en un lugar y no te abren? El siguiente.
¿Vas a otro lugar y te dicen «no»? El siguiente.
EL SIGUIENTE, EL SIGUIENTE, EL SIGUIENTE.
Tienes que seguir adelante. Si tienes un sueño, una meta, un objetivo, un propósito, no importa cuántas veces te digan NO: alguien te dirá SÍ.

Naciste para rechazar el rechazo.

Enviaste quinientos currículums, ¡envía quinientos uno!
Te dijeron que NO, sigue, sigue, sigue, EL SIGUIENTE, EL SIGUIENTE, EL SIGUIENTE.

Una universidad norteamericana descubrió que el 44 por ciento de los vendedores telefónicos se dan por vencidos la primera vez que son rechazados, el 24 por ciento en la segunda, el 14 por ciento en la tercera, el 12 por ciento en la cuarta, lo que significa que el 94 por ciento del total se han dado por vencidos.

El problema es que este estudio revela que el 60 por ciento de las ventas se concretan después de la cuarta llamada. Quizá te estés preguntando qué quiero decir con este ejemplo. La respuesta es esta: puedes llorar frente a un NO, puedes enojarte y abandonar la carrera o puedes decir: «EL SIGUIENTE, EL SIGUIENTE.» En algún momento alguien te dirá sí.

Los autores de *Sopa de pollo para el alma* presentaron su libro en ciento treinta editoriales y en todas obtuvieron la misma respuesta: NO; pero no abandonaron su sueño, siguieron, insistieron y lo lograron. La editorial ciento treinta y uno les dijo sí, y esa misma editorial vendió ocho millones de ejemplares.

Con uno solo que te diga que sí, te alcanzará para ver concretado tu sueño.

Estos autores ganaron diez millones de dólares con ese libro. Ciento treinta veces les dijeron NO, pero ellos usaron este principio: «El siguiente, el siguiente, el siguiente.»

Stephen King es el autor de la obra *Carrie*, pero estaba tan cansado de que la rechazaran que un día la tiró a la basura. Una mujer la tomó del cubo de la basura y se la entregó a un editor. Más tarde, el libro vendió cuatro millones de ejemplares y ganó millones de dólares.

No tires a la basura, no arrojes por la borda todos los proyectos que creaste.

Eric Little propuso un programa de estudios para el nivel secundario y fue a pedir dinero para ponerlo en marcha y solventarlo. Ciento cincuenta y cinco fundaciones le dijeron que no, pero en 1989 el gobierno le dijo que sí y le dio sesenta y cinco millones de dólares para su proyecto.

EL SIGUIENTE, EL SIGUIENTE, EL SIGUIENTE... hasta que encuentres a ese uno que te va a decir SÍ.

Debes rechazar el rechazo y jamás debes renunciar. NO RENUNCIES, siempre aparecerán presiones en tu vida que querrán llevarte a renunciar. Nunca aceptes que esas presiones te lleven a abandonar tu meta.

Quizás algo inesperado, alguna situación que no estaba en tus planes quieran llevarte al fracaso, porque hay errores y dificultades que vienen por ignorancia, por no haber contado con todos los elementos que necesitabas para ese proyecto, y toda esta situación puede impulsarte a abandonar tus planes. Pero no lo hagas. Decide ver tu sueño y tu objetivo cumplidos.

No necesitas ser fuerte, ni sabio, ni prudente, ni elocuente ni rápido. Lo más importante en la carrera es que no te rindas. Porque si eres sabio y te rindes, pierdes. Y si eres elocuente pero te rindes, igualmente habrás perdido.

Siempre puedes volver a empezar. Comienza haciendo pequeñas acciones positivas, porque aunque en el comienzo sean pequeñas, lo positivo siempre te llevará a la grandeza. NUNCA INICIES TU PRINCIPIO BUSCANDO EN TU PASADO. No hay nada en tu pasado que sirva para tu presente. Tu presente no está hecho con los retazos del pasado.

El éxito de tu pasado no te servirá para meterte en el éxito de tu presente. El fracaso te da sabiduría para abrir tu

> **El primer paso que des para cambiar tu historia será una grandeza al final.**

corazón y tu mente. El fracaso te da sabiduría para alejarte de lo malo y abrazar lo nuevo.

Cuando eres libre y haces lo que realmente deseas, lo que te quema la sangre, lo que no te deja tranquilo, lo que te urge y no puede esperar, será imposible que fracases. Solo al conquistarlo te respetarás a ti mismo y a los demás. Todo lo que te lleve a tu propósito valdrá la pena.

Nunca es tarde para comenzar. Olvida las excusas, ellas no son para la gente que tiene un destino.

6. BUEN CARÁCTER = ÉXITO

Primeramente definiremos el significado de «carácter».

Carácter

- Señal o marca que se imprime, pinta o esculpe en alguna cosa.
- Conjunto de rasgos que distinguen una cosa de las demás. Modo de ser de una persona. Fuerza de ánimo, firmeza.
- Condición de las personas en relación con otras.
- Cada una de las características naturales o adquiridas que distinguen a las personas.

Todos nacemos con carisma, con dones y talentos que nos convierten en únicos y diferentes de los demás. Todos tenemos algo bonito, algo propio que sobresale, que nos hace brillar; pero el carácter se desarrolla con el tiempo.

La gente puede acompañarte por carisma una semana,

un mes, o quizá dos, pero el carácter hace que la gente te quiera toda la vida.

Una investigación hecha en
Harvard con cinco mil personas despedidas, arrojó el siguiente dato: el 89 por ciento
de ellas fueron despedidas por
mal carácter y no por falta de
capacidad. Cuando vas a buscar trabajo, te contratan por tu
capacidad, pero cuando te des-

> Por encima de todo
> debes buscar un juego que
> merezca la pena jugar. Este
> es el oráculo del hombre
> moderno. Cuando lo
> encuentres, juégalo con
> intensidad, como si tu vida
> y tu cordura dependieran de
> ello.
>
> D. S. DeRopp

piden, lo hacen por tu carácter. Ningún jefe querrá tener
un empleado que rinda el cien por cien, pero que sea inso-
portable; siempre preferirá a aquel que funciona al 50 o 60
por ciento de su rendimiento, pero con buen carácter y
buena predisposición para llevarse bien con los demás.
Siempre van a ser preferidas estas personas, antes que
aquellas que hacen las cosas cien por cien bien pero con un
carácter irritable, agresivo e iracundo. **El carácter se desarrolla.**

Veamos ahora el significado de «carácter» en griego:
Marca hecha con un cincel.

Las pruebas no forman tu carácter, las pruebas revelan
cómo es tu carácter. Cuando alguien tiene un problema que
debe afrontar y resolver, pero decide escaparse y hacer
como si nada hubiera pasado, esperando que simplemente
este desaparezca, no se debe a que el problema lo haya asus-
tado, el temor siempre estuvo allí, solo que la crisis lo ha
sacado a la luz.

Cuando alguien maltrata a su familia o a quienes le rodean,
cuando sufre una crisis, no significa que en ese momento reac-

> El problema no forma tu carácter, lo único que hace es sacarlo a la luz.

cione de esa forma porque esté nervioso, sino que la crisis ha hecho emerger la violencia que siempre estuvo en su interior.

Conocemos el valor de David gracias a Goliat, debido a que fue él quien despertó el coraje que David siempre tuvo. David no se plantó delante de Goliat para alardear de su valentía, siempre la tuvo, lo único que hizo este encuentro fue sacarla a la luz.

Conclusión: el problema no forma tu carácter, lo único que hace es sacarlo a la luz.

7. TU PUESTO ES DE «TITULAR»

Sé protagonista, no periodista

La experiencia previa mata tu creatividad y tu originalidad. Funciona en todo lo que hagas como si fuera tu primera vez, con las mismas ganas, con el mismo entusiasmo, y dale vida a todos los proyectos que tenías en mente pero que hoy están en algún baúl en una buhardilla o algún sótano. Encárgate de ser tú quien los saque a la luz, no dejes que se te adelanten... Es tu historia y debe ser contada por su creador: TÚ.

En el mundo hay muchos «periodistas» y pocos «protagonistas». «Periodista» es aquel que cuenta la historia, el «protagonista» es quien la vive.

Hay personas que solo son periodistas y todo el tiempo viven contando la historia de los demás, pero tú tienes que ser protagonista, dejar huella y contar tu propia historia.

El problema de muchos «periodistas» es que viven del conocimiento de ayer, pero no del de hoy.

Conocimiento no es lo mismo que **conocer**. Conocimiento es todo lo que hay en tu cabeza de aquí hacia atrás, todo lo que viviste hoy es conocimiento. Pero conocer es todo lo que estás experimentando hoy.

Por esta causa, empresas como IBM, Goodyear y Kodak, cuando buscan un director ejecutivo interno no acuden al personal ya contratado, sino que prefieren incorporar una persona nueva a su equipo. Buscan individuos que se precien de conocer permanentemente los hechos evolutivos y los cambios, que no pertenezcan a la empresa, para que no funcionen con ideas y estrategias preconcebidas.

> Los protagonistas saben que el lugar donde están no los define como tal, sino hacia dónde van.

John Akers, exdirector de IBM, dijo: «*El único agente de cambio bueno es alguien que no llega con toda la historia y el bagaje de la empresa.*»

El profesor John Kotter afirma: «*¿Qué tienen los de fuera que los hace mejores agentes de cambio? Una respuesta, la capacidad de ver los problemas de maneras siempre novedosas y de identificar las tradiciones y las prácticas operativas que son ineficaces.*»

Conocer no es algo que pasó; conocer es algo que te está pasando ahora. Donde hoy estás no es todo lo lejos que puedes llegar; el problema es si piensas que donde hoy estás va a ser el lugar donde vivirás para siempre.

Un protagonista sabe que donde hoy está, no es donde estará, sino que es un paso intermedio para llegar al lugar que necesita conquistar.

Si quieres protagonizar, si quieres encabezar la lista, tienes que funcionar con el kilómetro extra

¡Tienes que hacer un poco más que lo que hiciste hasta ahora!

La gente de éxito siempre empieza antes, se esfuerza más, se ocupa más, prueba más y se mueve con más rapidez. El fracasado llega a su trabajo tarde y se va antes.

Un estudio hecho a millonarios norteamericanos que empezaron sin nada estableció que el 90 por ciento de ellos ganó sus millones como consecuencia de aplicar este principio. Siempre hacían más de lo que se les pedía.

A Thomas Edison se le quemó el laboratorio, perdió millones de dólares y le preguntaron qué iba a hacer ante tal desastre, y él dijo: «*Comenzaré a reconstruirlo mañana por la mañana.*»

Dirige y sé responsable de tu propia vida, de tus necesidades, de tus propios proyectos y de tus errores, para poder también hacerte cargo de tu propio éxito. Necesitas dirigir y controlar tu vida.

> El mejor camino para encontrar una mano amiga se halla al final de tu propio brazo.
>
> **Proverbio oriental**

Al hacerte cargo de tus errores y tus éxitos serás totalmente responsable de todas tus acciones, de manera que los conceptos «delegar» y «culpar al otro» no estarán en tu vocabulario.

Y si te vuelves a equivocar, no importa, vuelves a empezar. Todo lo que necesitas es poder desarrollar la confianza en ti mismo.

RESUMEN

Siempre vas a tener algo al alcance de tu mano que podrás usar positivamente. Lo que tengas, úsalo positivamente, nunca negativamente. Y NUNCA, nunca, renuncies.

Ningún fracaso podrá robarte nada si tú no le cedes el control de tu vida. Lo único que necesitas para salir de él es mirar en tu interior. Uno puede encontrar en un segundo los fallos de los demás y tomarse toda la vida para encontrar los de uno mismo.

No esperes que el otro te dé felicidad, sé libre emocionalmente. No necesitas a nadie para serlo. Despierta y eleva tu autoestima para que tu espíritu sepa quién eres.

No seas perfeccionista, sé excelente en todo lo que hagas. Ser perfeccionista implica un nivel de exigencia tan alto que no deja ningún margen a la equivocación.

El riesgo de esta situación es que pierdas de vista que eres

> Si te equivocaste, no importa, estás cualificado para seguir.

un ser humano capaz tanto de cometer un error como de corregirlo. El perfeccionismo se convierte en frustración, y la perfección termina siendo una cualidad negativa en vez de una condición positiva y de mejoramiento. Permítete el error.

El fracaso no existe, el que no se equivoca es porque seguramente no está haciendo nada. El que nunca hace nada no tiene autoridad para criticar lo que estás haciendo; por lo tanto, no permitas que el que no hace nada venga a corregirte. Porque es mejor que lo intentes y te equivoques, que verte encerrado, encapsulado en ti mismo sin hacer nada, solo respirando y permaneciendo.

Confianza, autoestima, ambición y meta son actitudes y objetivos que favorecerán tu iniciativa; mientras que pesimismo, derrota, miedo, culpa y límites te anularán y no te dejarán salir de la zona de fracaso y frustración.

A nadie le gusta equivocarse; tenemos que aspirar a no equivocarnos, pero todos alguna vez hemos pasado por el mal llamado «fracaso». Nunca te des por vencido. Si ese proyecto, esa idea no resultó, vuelve a intentarlo, proponte objetivos y planifica esa idea nuevamente para que en esta ocasión pueda concretarse.

La resolución y la superación del fracaso dependerán de la claridad del propósito que tengas para alcanzar la meta. La falta de pasión es lo único que te puede hacer perder de vista el objetivo de tu meta, no el tiempo que te tome llevarla a cabo. Todo dependerá del lugar a donde quieras llegar.

Tus acciones deben estar dirigidas al lugar donde las cosas funcionan. Tener un plan te facilitará tu propósito. Ponle «garra», ímpetu y esperanza. Tienes talentos y dones, no los desperdicies. Tu capacidad de soñar, de éxito y de futuro te conducirán a cumplir tus objetivos.

> Dame un oficinista del montón con un objetivo y te daré un hombre que hará historia. Dame un hombre sin objetivos y te daré un oficinista del montón.
>
> J. C. Penny

Mucha gente tiene pánico a fracasar, pero no por lo que significa esa palabra para ellos, sino por lo que significa su fracaso para los demás: «el qué dirán los demás» es lo que en realidad los paraliza.

La gente muy exitosa, antes de llegar a serlo, pasó por numerosos fracasos y cientos de críticas, pero ellos, los exitosos, hicieron caso omiso de todas ellas: Abraham Lincoln y Thomas Edison entre otros.

- Michael Jordan no formó parte del equipo de baloncesto en la secundaria porque el entrenador no lo consideraba lo suficientemente bueno para este juego.
- El actor Robin Williams fue votado en la escuela por sus compañeros como el chico que menos posibilidades tendría de triunfar en su vida.

«Había una vez un hombre que un día decidió ir al circo. Cuando llegó vio a un gran levantador de pesas que fue ovacionado por el público. El circo explotó en aplausos para este hombre grande y fuerte. El hombre, pensando en la fuerza de aquel portento, dijo: "Señor, ¡cómo me gustaría tener esa fuerza!" Terminó la función y la gente comenzó a irse, pero el hombre seguía mirando la pesa y pensando cuánto le gustaría tener la misma fuerza de aquel hombre. De pronto vino el payaso, levantó la pesa con una mano y se la llevó. Era de utilería.»

> Siempre dependerá de cómo mires el fracaso y del enfoque con que lo hagas.

Así son los fracasos, parecen pesados, difíciles de levantar, pero en realidad son de utilería.

Ron Smotherman definió: «*La satisfacción está reservada a un grupo muy selecto de individuos: los que tienen unas ansias incontenibles de sentirse satisfechos. Y no abundan.*» ¿Serás uno de ellos?

12

SEMBRAR Y COSECHAR

Hay quien todo el día codicia; pero
el justo da, y no detiene su mano.

SALOMÓN

La manera más poderosa de liberar el potencial es dar,
sembrar. El que siembra siempre cosecha al 30, al 60 y al 100
por uno. El gran problema es que cuando tenemos escasez
retenemos, y allí se interrumpe el ciclo de bendición; pero
cuando uno entra en el circuito de dar y sembrar, comienza
a cosechar. Lo que sucede es que nos enseñaron mal, nos
dijeron que progresaríamos si retenemos, nos enseñaron a
recibir primero para después dar, pero a la abundancia se llega con un pensamiento y con una
acción totalmente contrarios.

Tienes muchas semillas que
están esperando a ser sembra-
das para que luego puedas re-

> Cuando retienes lo que
> posees, esto te posee, pero
> cuando lo das, eres libre, y lo
> que posees es la cosecha.

cogerlas y disfrutar de ellas: palabras, aliento, ayuda, amor, compañía, asesoramiento, tiempo. No te prives de la posibilidad de dar esos frutos. Siempre serás recompensado. «De gracia recibiste, dad gracias.»

Con referencia a este tema, David, el salmista, escribió: «Irá andando y llorando el que lleva la preciosa semilla, pero volverá trayendo cosecha.»

Tal vez te preguntes: ¿por qué andando y llorando el que tiene la preciosa semilla? Esta pregunta significa que la única posesión de este hombre era la preciosa semilla, el último saco de granos que le quedaba, por eso lloraba; quizás es tu última moneda, tu último paquete de arroz y no tienes nada más: sin embargo, lo estás sembrando. Y debes saber que lo que siembras siempre volverá. Estos son principios que funcionan, y si actúas de acuerdo con ellos, tu vida, tu casa y tu simiente tendrán abundancia siempre.

1. LA LEY DE LA SIEMBRA Y LA COSECHA

«Dar y sembrar» es un principio espiritual que funciona en todos los ámbitos en que lo apliques. Solo necesitas saber cómo funciona y ponerlo en marcha para obtener los resultados esperados, y te sorprenderás de su eficacia.

En primer lugar tienes que saber que la gente que atrae gente es aquella que se rige por el principio de dar primero. Cuanto más llenes tu vida, más llenarás la vida de otros y, por ende, la gente te buscará, se acercarán para ser cosechados y luego te devolverán más de lo que sembraste.

> Muchos buscan el favor del generoso, y todos son amigos del hombre que da.

Un pasaje bíblico dice: «Dad

y se os dará; medida buena, apretada, remecida y rebosando darán en vuestro regazo; porque con la misma medida con que medís, os volverán a medir.»

Analizaremos este pasaje y lo dividiremos en dos partes:

a. «Dad y se os dará...»

Este principio menciona el término «dará». ¿Quiénes te darán? Todos los que están a tu lado. Por eso, necesitas aprender a cuidar tus relaciones interpersonales como un tesoro muy valioso; a tratar a los demás de la misma manera que esperas que lo hagan contigo, y asimismo aprender a decir las cosas; ya que muchas veces **no es tan importante lo que dices sino cómo lo dices**. Hay quienes se ufanan: «Yo digo lo que quiero, a mí no me calla nadie», y por eso están solos, porque a los que Dios cargó con bendición para él, los trató mal y los espantó.

En efecto, da al otro lo mejor que tengas, lo mejor que Dios te dio, porque cuando impartas una palabra, un gesto, un acto de amor, de cooperación y servicio, serás un imán viviente que atraerá a todos tus conocidos. Todas las personas que alcanzaron sus sueños necesitaron de otras personas. No te olvides del otro, y por tanto ten en cuenta que es muy importante saber establecer tus relaciones interpersonales.

> La clase de personas que atraigas a tu vida serán aquellas que estarán de acuerdo con tus expectativas.

El poder llevarte bien con los demás implica actitudes que debes incorporar como un hábito de vida y convivencia:

- Sé cortés; la cortesía siempre es valorada.
- No ataques; cuando alguien se opone a un proyecto, a una propuesta, pregúntale sus razones antes de atacarlo.
- No seas una persona problemática; esa clase de gente es muy complicada para trabajar y relacionarse, aunque tengan mucha capacidad.
- Aprende a responder y no reacciones impulsivamente ante la gente y las situaciones.
- Encuentra siempre una solución, no discutas para imponer tu punto de vista, sino para encontrar una solución.
- Sé respetuoso siempre con todos, aunque algunos no lo merezcan.
- Evita librar las batallas de otras personas.
- Ten paciencia con todo el mundo, incluyéndote a ti mismo.

Tómate el tiempo para conocer al otro, su energía, sus éxitos, sus ideas, solo así podrás crear relaciones interpersonales sanas, y por ende tus graneros serán llenados abundantemente.

Aprende a dar lo que esperas cosechar, no lo que te sobra. Si quieres dinero, siembra dinero; si quieres amor, siembra amor; en tus manos está dirigir tu realidad. En el momento en que das, tu vida cambia, se libera y se genera una red sin límites capaz de colmarte de todos los medios y recursos que necesitas para lograr resultados extraordinarios. Sé generoso contigo mismo, trátate bien, recompensa tu cuerpo, tu mente y tu espíritu con lo que te agrada y te hace sentir bien, y de la misma forma hazlo con los demás. Tu cosecha será sobrenatural.

b. Lo que envíes será lo que regrese

Decídete a hablar en positivo y recogerás todo lo bueno que los demás te han dado para tu propósito.

2. TIEMPO DE COSECHAR

Siembra difícil. La mayoría no logra sus sueños y su prosperidad porque usa palabras equivocadas: «tal vez, quizás, algún día, mañana si tengo ganas»... sin darse cuenta de que su mañana dependerá de lo que haga hoy, no de lo que haga cuando tenga ganas de...

Todas las personas tienen tendencia a hacer primero lo más fácil, lo que no implica un gran esfuerzo, pero al aplicar este orden encontramos que nos resulta muy difícil lograr nuestra meta. Por ejemplo: es raro tener ganas de ponerse a estudiar, lo difícil es estudiar, pero después lo fácil es tener el título; lo fácil es sentarte a ver la televisión, pero después te das cuenta de que el tiempo pasó, creciste, no estudiaste y no lograste nada; lo fácil es comer muchos dulces y todo lo que te gusta, lo difícil será adelgazar, porque lo fácil trae lo difícil; y lo difícil trae lo fácil. Así pues, el que siembra difícil, cosecha con gozo (fácil).

> ¿Quieres cosechar fácil? Haz lo difícil primero y lo fácil después.

A menudo, a las personas no les gusta el esfuerzo, la dedicación, la constancia, sino que prefieren simplemente permanecer y mantener lo que son y lo que poseen, repitiendo su palabra preferida: «Dame», en vez de primero decir «Doy», «Hago». A este tipo de gente *no le gusta ser, le gusta tener*, pero el hecho de que tengas o no dependerá de tu ser.

Con el mismo ímpetu que das, debes cosechar y conquistar. No puedes esperar que mágicamente llegue tu cosecha, que un hada o un ángel te ofrezcan lo que necesites. La cosecha ya está lista, pero está esperando que la recojas, de lo contrario se podría estropear.

> **Es primordial saber dar, y en igual medida saber cosechar.**

Cuando un hombre siembra maíz y el tiempo de maduración se cumple, no puede ir a recoger su cosecha después de un año, porque entonces el maíz se habrá estropeado. Lo mismo pasa en tu vida... Evalúa si alguna vez perdiste una cosecha por no haberla recogido a tiempo, y para que esto no te suceda ten claro la cosecha que esperas, para anticipar claramente el fin que le vas a dar. De este modo, no solo vas a soñar, sino también a disfrutar el cumplimiento del sueño.

Decídete a poseer esa cosecha, porque todo lo que poseas en el mundo espiritual, lo tendrás en el mundo material, solo hay que incorporar nuevos modelos de pensamiento. Por ejemplo:

- No puedes verte como un siervo, necesitas verte como un heredero y merecedor de esa cosecha. Tener una actitud de servir a los demás es bueno, pero no ser siervo de los demás.
- Cuando te quieren imponer y enseñar la actitud de siervo, debes saber que no se trata de servicio ni de amor, sino de manipulación, opresión, castigo, culpa, miedo y esclavitud. Lo único que se proponen es quitarte tu identidad, robarte tu posición y anular tu autoestima para que no puedas reconocer quién eres. ¡Quítate esa máscara que te está cegando! Ante todo, fuiste creado con toda la capacidad interior necesaria

para poseer todas las semillas que debes usar para alcanzar y ver realizados todos tus sueños. Porque lo que siembres, cosecharás.

Si entiendes este principio, entenderás que todo lo que necesitas para alcanzar los sueños y proyectos que están en tu mente y tu corazón, está disponible si primero buscas una atmósfera de gozo y comienzas a sembrar.

Todo lo que viene a tu vida debe haber salido primero de ti, ya que la única manera de producir tus sueños será si **primero eres un productor, un sembrador.**

Todo lo que necesitas es lo que tienes que sembrar: si necesitas que te quieran, siembra amor; si necesitas que te escuchen, tienes que sembrar escuchar a otros. Porque de acuerdo con lo que siembres, así será tu cosecha.

Muchos se quejan y dicen: «A mí nadie me ayuda, tengo que hacerlo todo solo», pero seguramente esa persona no se ha preguntado si alguna vez brindó una mano, una ayuda a los que estaban con él. Si lo hace quizá se dará cuenta de que nunca sembró.

Muchas de las puertas que necesitas que se abran seguramente te las abrirán otros, de modo que aprende a enriquecer tu mundo social y comienza a desarrollar una actitud de servicio. El que sirve siempre es superior al servido, porque DA, y cuando das COSECHAS. Cuando sirves le estás resolviendo un problema a otro. Aprende a conectarte con las cosas buenas de la gente, a honrarla.

> El servir te sacará del egoísmo. Porque egoísta no es el que piensa en sí mismo sino el que no piensa en los demás.

El egoísta tiene en su cabeza el paradigma de que hay gente que gana y gente que pierde, y por tanto dice: «Yo no quiero perder sino ganar»; en cambio, la persona que ayuda a otro piensa: «Yo ganaré porque tú vas a ganar, porque habrá ganancia para todos.»

Un egoísta no ayuda al otro a triunfar. Piensa: «Tu triunfo es mi derrota», pero los que saben ayudar dicen: «Tu triunfo es mi victoria, y cuando triunfas todos ganamos.»

El apóstol Pablo dice: «*No te canses de hacer el bien, porque si no desmayas vas a tener una cosecha.*» Cuando ayudas a los demás, construyes un puente de oro para que la bendición y todo lo que anhelas llegue a tu vida. No eres grande cuando te nombran líder o jefe en tu empresa, sino cuando abres camino a los demás; y una de las emociones más maravillosas que puedes sentir en esta tierra es la emoción de ayudar a un semejante a triunfar.

> Al comenzar a ayudar a los demás te sucederán cosas que te sorprenderán y que jamás pensaste o imaginaste.

Lo que sucede es que muchas veces no aplicamos este principio correctamente: ayudar no significa «hipotecar mi casa por ti», «prestar dinero», «sacarme yo para darle al otro», «sacrificarme por los demás», «que me duela a mí para que el otro esté bien». Eso no es ayudar. Ayudar es construir un puente, ayudar es colaborar con el otro y darle las herramientas para que pueda alcanzar su sueño.

Hay varias maneras de ayudar, y solo necesitamos saber cuáles son para relacionarnos con el otro correctamente.

Reconocer a la gente

John Maxwell, un gran líder de estos tiempos, usa la regla de los treinta segundos, que establece: «*Usa los primeros treinta segundos cuando veas a alguien para decirle algo positivo de lo que sientes u observas de él.»*

Lo más importante en una relación son los primeros segundos, y debemos utilizarlos para reconocer, felicitar, alentar y destacar un punto fuerte de esa persona; porque cuando uno deposita buenas palabras en los demás, cosechará buenas palabras para sí mismo. Los primeros treinta segundos, la primera impresión, generan en el otro una apertura del corazón.

Además, cuando te relaciones con los demás no te enfoques en ti, sino en el otro. Dale mérito, ya que otorgarle crédito es saber reconocer que no estás perdiendo, sino que estás sembrando y ganando.

Ayudar a triunfar a los demás

¿No te sientes mejor cuando alguien te afirma, cuando alguien te da una palabra de aliento, cuando te felicitan y señalan algo positivo de tu vida? Y ¿no es verdad que cuando alguien te critica, te deprimes?

En primer lugar, lo que cosecha alguien que felicita a los demás es que los otros se acerquen a él. En cambio, si su actitud es la contraria, lo que logrará es que los demás se alejen. En

> Cada vez que ayudas a otro a triunfar estás generando el puente de tu triunfo.

segundo lugar, debes saber que al ayudar al otro intentarán unirse a tu vida dos tipos de personas:

a. Las que se benefician de tu vida y no aportan nada, y solamente usan lo que tienes pero nunca darán nada.

b. Las que te bendecirán y traerán la provisión que necesitas.

Presta atención a esta leyenda judía:

Dos hermanos compartían un campo y un molino. Cada noche dividían el producto del grano que habían molido juntos durante el día. Uno de ellos vivía solo y el otro estaba casado y tenía una familia grande.

Un día el hermano soltero pensó: «No es justo que dividamos el grano por la mitad, yo solo tengo que cuidarme a mí mismo pero mi hermano tiene niños que alimentar.» Así que cada noche, secretamente, llevaba algo de su harina a la bodega de su hermano. Sin embargo, el hermano casado pensaba en la situación de su hermano y decía: «No está bien que dividamos el grano por la mitad, porque yo tengo hijos que me proveerán cuando sea un anciano, pero mi hermano no tiene a nadie; ¿qué hará cuando esté viejo?» Así que también cada noche llevaba secretamente parte de su harina a la bodega de su hermano. Y cada mañana ambos encontraban sus provisiones de harina misteriosamente con la misma cantidad, hasta que una noche se encontraron en medio del camino entre sus casas, dándose cuenta así de lo que el otro estaba haciendo, y entonces se dieron un gran abrazo.

En conclusión: si quieres que tu granero siempre esté rebosando, no te canses de ayudar a triunfar a los demás, porque en su momento cosecharás grandes bendiciones.

3. SÉ UN SEMBRADOR EN TODO TIEMPO

Para tener salud mental aprende a dar, a sembrar. No dejes que la gente te canse, sigue sembrando consejos, tiempo, oídos, ayuda, y aunque la persona haga todo lo contrario de lo que le aconsejaste, ¡no te canses! Porque el que siembra sin desmayar, a su tiempo cosechará.

Tal vez en alguna ocasión un problema es el resultado de una semilla que alguien sembró en otro, y entonces dices: «Este problema yo no lo sembré, me lo sembraron otros», pero ahora es tu problema. Y entonces te preguntas: ¿cómo hago para salir de esta dificultad ahora? Y la respuesta es fácil: siembra otra semilla. Y como el problema es una semilla, al sembrar otra superior, cuando esta crezca podrás resolver el problema. Siempre tienes que repartir, sembrar.

Siembra escuchar, fe, una palabra, tiempo, conocimiento, siempre tienes que estar dando, no te salgas del circuito del dar, y aunque hayas comenzado a cosechar, siembra igual.

No importa el tiempo que tardes: si sembraste, cosecharás. La siembra nunca te deja en el mismo sitio, ella te sacará del lugar de la carencia y te llevará al de la abundancia. Es tiempo de bendición y abundancia. Quizás al leer esto puedas pensar: pero yo no recogí nada; ¿por qué? Ahora bien, creo que antes debes formularte una pregunta: ¿cosechaste? Y si lo hiciste, analiza dónde, a quién y cómo. Tal vez descubras que tu semilla no cayó en buena tierra, sino junto al camino y vinieron los pájaros y se la comieron, quizá cayó en pedregales donde no había mucha tierra y brotó pronto, pero como era superficial, una vez que salió el sol se quemó por carecer de raíz, u otra semilla cayó entre espinos y la ahogaron, por eso no creció y no volvió a tu mano...

Pero estás a tiempo de sembrar en tiempo y lugar convenientes para que esta ley funcione en tu vida; hazlo en buena tierra y dará fruto al cien, al setenta y al treinta. Es tiempo de determinar la

> Tu futuro está en tu semilla; por tanto siembra, habla, declara y determina, porque a su tiempo cosecharás.

lluvia temprana y la lluvia tardía sobre toda tu sementera. Si siembras correctamente, tu descendencia nunca mendigará pan, siempre tendrás provisión y no solo cosecharás, sino que te serán restituidos los años que creíste perdidos y nunca más serás avergonzado.

Resumen

Prosperidad no es tener una bendición, es tener acceso a la fuente de las bendiciones.

No es tener un coche, porque hoy lo tienes y mañana tienes un accidente que lo destroza; no es tener ropa, porque hoy la tienes y mañana se vuelve raída; prosperidad es tener acceso al que te dio la ropa, a la fuente, y ella está en tu interior: el acceso te pertenece y lo manejas tú.

> Cuida tus relaciones de bendición más que todas las cosas.

No importa la crisis que pases porque la túnica de la bendición está en tu corazón; nunca olvides que no son las circunstancias las que bendicen, sino que es la fuente que está en tu interior: la ley de la siembra y la cosecha, aplicada correctamente.

En tus relaciones con los demás está tu bendición, porque cuantas más relaciones consolides, más posibilidades de ser bendecido tendrás; cuanto más estrecho es tu mundo, menos posibilidades de bendición se presentarán en tu vida.

Si vas de tu casa al trabajo, del trabajo a tu casa, si tu círculo de amistades son cuatro o cinco y siempre los mismos, llegará un momento en que reducirás la capacidad de bendición, porque Dios puso la bendición en la gente. Cuanta más conoces, más posibilidades interpersonales se añadirán a tu vida.

Hay quienes dicen: «Yo digo lo que quiero, a mí no me calla nadie.» ¡No!

Aprende a dejarte enseñar y enseña a la gente. Llega al corazón de la gente, trátalos bien. No sabes dónde se esconde tu bendición. El que hoy está debajo de ti, mañana puede ser tu jefe. Según sea tu actitud, trabajarás a tu favor o en tu contra. Tu siembra y tu cosecha serán tu carne, y tu futuro estará cada vez más cerca de ser conquistado.

Honra y serás honrado.

Con esta ley cambiarás, controlarás y multiplicarás tu bendición y tu realidad. La calidad y la cantidad de tu cosecha empiezan en ti, solo tienes que desatarlas. Piensa qué vida tienes hoy y qué vida quieres tener, y si tu deseo es multiplicarte te dejo estos pasajes bíblicos para que los analices:

- Los que sembraron viento, torbellino cosecharán.
- El que siembra escasamente, escasamente cosechará; y el que siembra generosamente, generosamente cosechará.
- Y el que da semilla al que siembra, y pan al que come, proveerá y multiplicará su sementera, y aumentará los frutos de su justicia, y será enriquecido en todo para toda liberalidad.
- Todo lo que el hombre sembrare, eso también cosechará. No te canses de hacer el bien, porque a su tiempo cosecharás, si no desmayas.
- Y el fruto de justicia siembra en paz para aquellos que hacen la paz.

13

RESULTADOS EXTRAORDINARIOS

> Los pensamientos equivocados te llevan a creencias equivocadas. Las creencias equivocadas te llevan a acciones equivocadas y ellas a resultados equivocados.
>
> Los pensamientos correctos te llevan a creencias correctas. Las creencias correctas te llevan a acciones correctas y ellas a resultados extraordinarios.
>
> BERNARDO STAMATEAS

La meta más grande que una persona puede tener es cambiarse a sí mismo; y el logro más poderoso que puede alcanzar es abrazar la sabiduría para guiar su propio destino y caminar su propia vida.

La motivación es un requisito esencial en el camino hacia la meta. Parte de los resultados que obtengamos van a estar íntimamente ligados a ella. La motivación está en ti, nace de ti y te pertenece. Esta es la razón por la cual, para comenzar, no

> El mejor uso de la vida es utilizarla en algo que dure más que ella.
>
> William James

debes esperar nada de nadie, solo de lo que proviene de ti mismo. Si tus objetivos y tus sueños son claros, la motivación crecerá, te empujará a actuar y te acercará al resultado.

Y si eres parte de aquellos que buscan y aspiran a alcanzar resultados extraordinarios, no vas a esperar a que simplemente las cosas sucedan, sino que todo tu ser se va a mover e irá en busca de las oportunidades, las conexiones y todo lo que necesites para llegar a tu objetivo.

Tu dedicación y entusiasmo también te acercará a los resultados.

Tienes lo más importante: «la libertad mental», porque nada cambiará mientras no cambie tu mente; nunca serás libre si tu mente y tu espíritu no son liberados de hambres, de carencias afectivas, de creencias y pensamientos erróneos, llenos de fracasos y frustraciones.

Nada cambia mientras no cambie nuestra mente

Si lo que creo no cambia mi vida, entonces lo que creo es algo más que todas las cosas en que creo. Tienes que saber que aquello en lo que más piensas es lo que se va a convertir en realidad. Nunca vas a dar en el blanco si no ves el blanco.

> Porque de acuerdo con la frecuencia de la visión que esté en tu espíritu, será afirmado y validado ese sueño que está en tu corazón.

Nunca podrás cumplir tu sueño si primero no lo ves realizado en tu espíritu. Necesitas aprender a visualizarlo con frecuencia, verlo una y otra vez, no importa cuál sea, y reproducir la imagen del resultado final en tu espíritu como si fuese una película y estuvieras viendo el final.

Cuando repites lo bueno, lo bueno cobra fuerza

Cuando visualizas tus sueños con frecuencia, una y otra vez en tu espíritu, más seguro estarás de alcanzarlos. Esa visión tiene que ser clara e intensa.

Todas las personas que lograron sus sueños tenían en común una característica: entusiasmo. Necesitas experimentar un deseo intenso de verlos cumplidos antes de alcanzarlos.

La intensidad de tu sueño será la encargada de demostrar si lo alcanzarás o no. Cada vez que veas el sueño, tienes que sentir la pasión corriendo por tu cuerpo, que estás vivo, que lo anhelas y lo deseas intensamente. Porque si no lo anhelas con pasión, ese sueño seguramente no es tan importante.

Tiene que ser una visión que dure, que no sea fugaz, que perdure y que pueda tenerte a ti como protagonista en esa película de la cual estás viendo el final.

Si puedes soñarlo, puedes lograrlo.

La foto de la fe

La mayoría de la gente piensa todo el tiempo en lo que no desea, en lo que no quiere, y se preocupa por saber lo que no puede. Existe gente que habla más de sus problemas o de los problemas de los otros que de las cosas que quiere lograr.

No se cree en lo que se ve, se ve lo que se cree... La revela-

> Visualizar tu sueño realizado será la garantía de que podrás alcanzarlo.

ción siempre te va a incrementar la fe. Porque la gente de fe y de éxito sí piensa en lo que quiere lograr.

La Ley de la Foto de la Fe es poderosa porque te hace pensar en el futuro y te orienta hacia los objetivos.

Tienes que verte como un triunfador, verte con el sueño cumplido, y si alguna vez fracasaste, seguramente fue porque no tenías claro tu sueño y tus pensamientos.

La vida es como un autoservicio: debes levantarte y buscar lo que quieres en tu interior.

1. TIPOS DE PENSAMIENTO

¿Cómo funciona nuestra interpretación respecto a las cosas que nos suceden?

Nuestra mente funciona de la siguiente manera: observa una situación e inmediatamente la interpreta, es decir: **situación - interpretación.**

La interpretación será positiva o negativa según la vea cada uno, y de acuerdo con ella será cómo se sentirá uno. Según cómo interpretemos, así serán nuestra creencia y nuestra emoción. Siempre le asignamos significado a las cosas que nos suceden.

Por todo esto, debemos entender que no vemos lo que es, sino lo que queremos ver.

Uno ve lo que quiere ver

Por eso los historiadores saben que una cosa es la historia contada y otra es la historia real; una cosa es lo que nos contaron de la Revolución de Mayo y de las invasiones inglesas, por ejemplo, y otra cosa es lo que realmente pasó, porque uno ve lo que quiere ver.

Lee detenidamente esta historia:

Un vendedor de calzado fue enviado a África a vender zapatos. Cuando regresó y tuvo que dar cuentas de su gestión, el hombre le dijo a su jefe: «No vendí nada porque allí los nativos van todos descalzos.» El jefe, receloso, mandó a otro empleado nuevamente a África con la misma cantidad de zapatos para vender.

A su regreso, le preguntó: «¿Cómo te fue con la venta?» Y el vendedor le respondió: «Vendí todos los pares que me dio y tengo muchos pedidos para enviar, porque allí los nativos van todos descalzos.»

Uno interpreta lo que quiere interpretar

Y esto sucede porque nuestra percepción de los hechos es selectiva. Elijo qué quiero ver; como no puedo ver todo, mi percepción selecciona. Cuando David se enfrentó con Goliat con una honda, todos miraban lo grande y poderoso que era aquel gigante, pero David no miró su tamaño, miró la recompensa que tendría al derrotarlo: sería coronado rey, y así sucedió.

> Puedes elegir cómo ver. Y vas a ver de acuerdo con lo que tienes dentro.

David venció a Goliat, y lo hizo con una honda. Porque de acuerdo con lo que veas es cómo te vas a mover y funcionar.

Y esta misma interpretación va a depender de las diferentes clases de pensamientos que elabores:

Pensamientos negativos o pensamientos positivos.

¿Cuáles son los pensamientos negativos?

• *Todo o nada*

Es un pensamiento característico de gente depresiva: «nadie me quiere», «todo me sale mal», «todos ustedes me odian», «nadie me entiende». Es todo o nada, no hay grises, ni cálidos, ni templados, es blanco o negro. La vida se resume así: «me amas o me odias».

Es gente que posee el hábito de generalizar todo lo que le sucede: nadie los estima, todos los abandonan, muchos los maltratan, en especial ante situaciones de fracaso.

• *Centralización de lo negativo*

Son aquellas personas que disfrutaron de muchas cosas buenas, pero que con una sola dificultad que hayan tenido les alcanza para quedar atadas a todo lo malo.

—No me saludó, estoy mal.

—Pero bueno, no importa. Mira, ¡nació tu hijo, conseguiste el dinero que necesitabas!, ¿no estás contenta?

—Sí, pero no me saludó y a mí eso me hace sentir mal.

Una cosa negativa empaña cien positivas.

La exageración es su característica: dan importancia desmedida a los hechos negativos.

• *Catastrofización*

«Esta situación no da para más, está todo mal, esto va a explotar.»

Te aumentaron el sueldo, te ascendieron de categoría, saliste de tu oficina y te encuentras con una manifestación que te obliga a desviarte del camino que haces siempre, y el pensamiento que inmediatamente expresas es: «este país no da para más», «¡no entiendo qué estoy haciendo aquí!, ¿por qué no me habré ido a Estados Unidos yo también...?».

Todo catastrófico:
—¿Así que se casó tu hijo?
—Sí... humm... ¡A ver cuánto dura!
Y así siempre. ¡Todo catastrófico!

Su filtro mental les permite recordar solo lo negativo y, por supuesto, olvidar las ocasiones en que se recibieron buenas noticias y se obtuvieron excelentes resultados.

• *Razonamiento emocional*
El razonamiento emocional dice así: «lo que siento es la verdad». Esta gente cree que lo que siente es la verdad:
—Me siento culpable. O sea, soy culpable.
—Pero no hiciste nada malo.
—Sí, pero yo me siento culpable.

—Me siento sola.
—Pero si toda tu familia está contigo, tu esposo te adora, tus hijos también.
—Sí, pero me siento sola.

Son personas que se desmerecen y se descalifican siempre que pueden. Si alguien los felicita o les agradece y pondera sus acciones, su trabajo, sus logros o su carácter, reaccionan restándole importancia. Lo que sucede es que lo que sientes no siempre es la verdad.

No siempre lo que sientes es la verdad.

Y estas son personas que viven la vida de acuerdo con lo que sienten.

- *Lectura de pensamiento*

El depresivo adivina lo que piensa el otro:

—Te estoy aburriendo, ¿verdad?

—No, no.

—Estarás pensando: Cuándo se va a callar esta mujer, ¿eh?

—No, no estaba pensando en eso.

—Estarás diciéndote: ¡Ay!, cuándo se irá y me dejará de molestar, ¿eh?

—No, no me estoy diciendo eso. ¡Para de adivinar!

—Te estoy cansando, ¿verdad? Te aburro, ¿no?

Estas personas prefieren interpretar en lugar de hablar. Emiten juicios acerca de una situación sin preguntar nada. Tienen un pequeño adivino en su interior y viven adivinando.

Tenemos siete mil pensamientos diarios y cinco mil son negativos. Una mente con pensamientos negativos se aísla, se encierra en su propio mundo, se ensimisma, se hace rígida y se retroalimenta de sus mismas creencias erróneas, alejándose cada vez más de la verdad.

> **Una mente cerrada tiene una normalidad equivocada.**

A mayor introspección, mayor cantidad de pensamientos negativos

Y la persona entra en un círculo vicioso del que no puede salir.

El pensamiento negativo es rígido, cerrado, es todo o nada. Y cuando sobreviene una crisis se quiebra, porque siempre considera pocas opciones.

El pensamiento negativo te hace vivir aferrado a los

triunfos del pasado, porque está cerrado y negado a vivir el presente y el futuro, a lo nuevo, y su frase preferida es: «No es así, porque nunca me lo enseñaron.» La persona cree que, como nunca lo aprendió, no existe.

Una mente cerrada dice: «No es así, porque siempre lo hice de este modo, y punto.» Puedes haber tenido grandes logros y resultados exitosos en tu pasado, pero debes seguir avanzando. No te ates a los buenos recuerdos y a los éxitos del ayer, escala hoy tu nuevo desafío, tu próxima meta, porque si no lo haces tú, nadie lo va a escalar por ti.

Ahora analizaremos las características que definen los pensamientos positivos, aquellos que sí te llevarán a los resultados extraordinarios.

Equivocarse es parte del crecimiento

Los errores son parte de la vida, debemos dejar un margen para la equivocación. El error es un indicador de acción: «Algo estás haciendo», «No te mueras hasta que no estés muerto», «Un diamante imperfecto es mejor que un ladrillo perfecto».

Si hablan negativamente de ti, vive tu vida de tal manera que nadie les crea.

Hablar en positivo

Cuando hablas, hazlo en positivo. No digas: «no voy a conseguir este proyecto», «no me va a alcanzar el dinero para pagar la cuota de la casa», sino: «yo soy quien va a dirigir ese proyecto», «voy a generar ese dinero y pagaré mi casa en un tiempo récord». Cuando ha-

> Una mente abierta es sinónimo de una mente de avance, de proyecto, de meta, de objetivo, de desafío, de cambio, de decisión y de futuro.

blas en negativo te bloqueas, porque siempre vas a tener un no en la boca.

Cuando aprendas a hablar en positivo, aprenderás a poseer lo que hablas.

Tener una mente abierta

Cuando pones un disquete, el ordenador lo analiza para asegurarse de que no tiene un virus. Así tienes que hacer tú cuando llega un pensamiento a tu mente: debes filtrarlo a través de tu espíritu, compararlo, y solo entonces aceptarlo o rechazarlo.

Se realizó un estudio con 3.300 líderes exitosos, y el resultado fue un común denominador: «Todos ellos tenían visión de futuro.»

¿Cómo te imaginas tu vida de aquí a cinco años vista? ¿Dónde estarás, cómo será? Debes ver qué tienes: dinero, fe, salud, todo, todo, todo... Debes pensar a cinco, diez o quince años vista. Porque cuando veas la foto completa, el final, podrás trabajar con más exactitud.

El pensamiento a largo plazo mejora las decisiones a corto plazo.

Los pensamientos positivos tienen que defendernos de los sistemas de creencias erróneos, estimularnos para la acción y los resultados extraordinarios. Toda situación tiene un lado positivo y poder verlo así nos ayudará a resolver con mayor rapidez y eficacia las dificultades y los momentos difíciles.

Si piensas que te va a ir mal, seguramente te va a ir mal y aún peor. Pero si eres una persona decidida y declaras que todo lo que hagas te saldrá bien, todas tus acciones van a estar dirigidas a colaborar para llegar a ese resultado.

Pensar bien te facilita vivir bien. Una actitud constructiva y no destructiva te lleva a obtener logros y éxitos.

Es indispensable dirigir nuestros pensamientos a todo aquello que nos ocupa, a los resultados que queremos lograr y no a aquello que nos dispersa y nos hace quedar fuera de foco.

Nuestra mente debe llenarse de todas nuestras metas y objetivos, de pensamientos claros y verdaderos.

Nuestros pensamientos se concentran o se dispersan de acuerdo con los temas que haya en nuestra mente.

> El pensamiento está directamente influido por la cantidad y complejidad de las informaciones que procesa la mente, así como por el impacto emocional que generan esas informaciones (las cosas son como te las tomas). El pensamiento está directamente influido por la motivación y las prioridades de la persona que lo gobierna o intenta guiarlo.
>
> Federico Gan

Es decir, si existe un problema, todos nuestros pensamientos van a estar enfocados en él. Ya que en parte somos como pensamos que somos, y actuamos de acuerdo con ese sistema de creencias acerca de nosotros mismos.

La verdadera libertad aparece cuando tu mente está libre.

2. MENTE SANA - CUERPO SANO

Para que nuestra mente permanezca sana entre tantos problemas, tanto estrés, tanta locura, tanta depresión, tanta gente mala, tantos problemas económicos, tantos problemas sociales, analizaremos cuatro principios. Si incorporamos estos principios a nuestra vida lograremos tener la salud mental que necesitamos para obtener resultados extraordinarios.

a. Cuídate de ti mismo y de tus pensamientos

No te muevas por ritos y doctrinas. Porque hasta que no aprendas a cuidarte tú, no podrás cuidar a los demás; hasta que no crezcas tú, no podrás ayudar a crecer a los demás.

Ponte en primer lugar, porque cuando te amas, te reafirmas y te ayudas a ti primero; en ese momento estás en condiciones de ayudar a los demás.

Y para eso necesitamos ocuparnos de nuestra mente.

Una creencia es algo que pienso, y si mis pensamientos están equivocados, mis creencias estarán equivocadas. Los pensamientos equivocados llevan a creencias equivocadas.

Si mis creencias están equivocadas, mis acciones estarán equivocadas. Y esto es lo que hace un pensamiento equivocado, te lleva a sentirte mal y fracasado. Piensas mal, y cuando piensas mal, crees mal, actúas mal y te equivocas. Porque actuamos en base a lo que creemos. Y si actúo equivocado, tendré resultados equivocados.

Pensamientos equivocados = creencias equivocadas = acciones equivocadas = resultados equivocados.

El éxito y el resultado no llegarán porque simplemente seas bueno. Puedes ser una excelente persona dotada de valiosas cualidades, pero si tienes el pensamiento erróneo, llegarás a resultados equivocados como cualquier mortal. Es decir, no se trata de ser bueno, sino de tener pensamientos correctos.

Si tienes los pensamientos correctos, tendrás un sistema de creencias correctas y resultados exitosos, e irás de poder en poder.

b. Sé el dueño de tu mundo emocional

Para que tu mente esté sana debes ser el dueño de tu mundo emocional, el capitán de tus emociones, porque si cedes el mando de tu vida emocional a los demás, tus emociones serán frágiles y cualquiera las podrá dañar. Tú y solo tú puedes y debes tener el control de tu vida.

c. Tú determinas lo que piensas, lo que crees y lo que sientes

Tu felicidad no depende de cómo te traten los demás, sino de cómo te tratas a ti mismo.

Siempre escuchamos frases como: «me haces feliz» o «me robaste la paz». ¡Por eso hoy estás así! Porque te robaron la paz, porque entregaste tu mundo emocional a otra persona y ahora dependes de ella. Pero nadie te puede quitar la paz a menos que tú la entregues. Nadie puede hacerte sentir mal a menos que tú se lo permitas. Si entregas tu vida a los demás, siempre dependerás de cómo te traten, del ambiente, de lo que te digan, y estarás muerto emocionalmente antes de tu muerte física. «Aunque la higuera no florezca ni en las vides haya fruto, tú regocíjate igual.» Tú determinarás si quieres vivir feliz o triste.

> Pensamientos correctos = creencias correctas = acciones correctas = resultados extraordinarios.

Tú estableces lo que crees, lo que piensas, lo que haces y todo lo que dices. Lee detenidamente este hecho y la consecuencia que acarrea tener una mente cerrada y creencias erróneas:

Se cuenta que la gente de un pueblo de las islas Británicas retó al gran Houdini, excelso prestidigitador y mago, a escaparse en menos de sesenta minutos de una cárcel a prueba de fugas que el municipio acababa de construir.

Houdini aceptó el desafío.

Le permitieron entrar en la cárcel con ropa de calle. Los observadores dijeron haber visto al cerrajero dar una vuelta extraña a la llave de la cerradura, pero dejaron que Houdini tratase de abrir desde dentro la cárcel en la que estaba encerrado.

El mago había ocultado la ganzúa de acero flexible que utilizaba para abrir cerraduras en la correa de su pantalón. Con la oreja pegada a la cerradura, trató de abrirla durante media hora, tres cuartos de hora... una hora. Estaba sudoroso.

Sintiéndose agotado, al cabo de dos horas se apoyó contra la puerta y esta se abrió. ¡No habían echado el cerrojo! ¡Este fue el truco que le jugaron al gran artista!

La puerta solo estaba cerrada en la mente de Houdini, ¡únicamente en su mente!

El pensamiento limitado y estructurado no te permitirá ver los hechos desde otro punto de vista. Vivir aferrados a viejas creencias te llevará a cometer grandes errores y perder demasiado tiempo.

¡Rompe todo esquema mental! Necesitas flexibilizar tus pensamientos.

La sumisión y la dependencia te concentran en el problema, pero la libertad y el control de tus emociones, de tus pensamientos y tu mente te concentran en las soluciones y los resultados extraordinarios.

Una creencia no necesariamente es verdadera por el simple hecho de que muchos la hayan aceptado. Cientos de creencias falsas han sido creídas durante muchísimo tiempo sin ser cuestionadas, ya que las creencias erróneas y el pensamiento de la masa nos hace aceptarlas

> **El mundo es de quienes saben aprovechar la oportunidad de aprovechar las oportunidades.**
>
> George Eliot

como tal, sin dejar lugar a un examen individual y verdadero. Vivir pensando equivocadamente nos quitará la posibilidad de soñar y de vivir nuestra vida con pasión y felicidad.

3. SI TIENES PROPÓSITO, TIENES RESULTADOS

Fuiste creado con un propósito

«Había dos pobres en un barrio. Uno avanzó y prosperó, el otro no. Los dos eran hermanos, habían tenido la misma crianza, los dos eran pobres y vivían en el mismo barrio. La diferencia es que uno tenía su futuro claro y el otro no.»

Tienes que salir de tu metro cuadrado, de tu carpa, de mirar hacia el suelo, y empezar a mirar el futuro que te espera.

Nuestros resultados dependerán de nuestras acciones, de una idea puesta en movimiento, de acabar la carrera y de llegar a la meta. Y para ello debemos organizarnos, esforzarnos y ser eficientes. Nunca midas tu obstáculo. El desánimo es no darte permiso para triunfar. El desánimo viene porque miras el obstáculo y las circunstancias, pero a ti te toca mirar el premio.

Si miras el triunfo, vas a salvar el obstáculo, porque de esta forma estarás mirando la promesa.

Tú estás en la Tierra para un propósito, naciste con un propósito.

Hay algo que tú tienes que hacer a lo largo de tu vida. Hay una meta, un anhelo, un sueño que te está esperando para poder ser parido.

¡Aléjate de los pensamientos incorrectos!

Te urge encontrar ese propósito, porque si vives con el propósito equivocado, te vas a frustrar. Y no hay nada peor que vivir una vida equivocada con un propósito equivocado.

Los demonios más poderosos no son los que tiene la brujería, sino los demonios que atacan tu mente, porque son los que logran que seas un prisionero mental.

La gente que cambia es la gente que decide cambiar.

Cuando sepas cuál es tu cima, tu sueño, tu meta, tu visión, el propósito por el que vives, y los objetivos que tienes que lograr antes de morirte, entonces, y solo entonces, cuando los tengas claros, sabrás para qué vives, tendrá sentido levantarse cada mañana, abrir los ojos y comenzar a luchar por tu sueño.

El propósito nunca se pierde aunque los planes cambien.

Propósito es ese sueño, esa meta que debes alcanzar, para lo cual necesitas un plan, un diseño de oro, y una estrategia para conquistarlo. Los planes a, b, c te pueden fallar, pero siempre tendrás un plan d, e, f hasta que lo consigas.

Nunca debes envidiar nada a nadie, porque tú y solo tú has sido llamado a hacer algo que nadie podrá hacer en tu lugar.

Todas las creencias son profecías. Todo lo que esperas con fe se convertirá en una profecía infalible.

4. PENSAMIENTOS ORIENTADOS A RESULTADOS

Una de las formas en que nuestra mente se contamina es a través del comúnmente llamado «pensamiento automático». Este se desarrolla de la siguiente manera: cuando recibimos una noticia o presenciamos un hecho, nuestra mente automáticamente califica dicho acontecimiento y lo interpreta de determinada manera.

A través de este mecanismo, calificamos cada experiencia que vivimos y cada palabra que nos dicen, y nos sentimos de acuerdo con ello. Por ejemplo, si alguien se considera a sí mismo incapaz, cuando alguien se lo diga, lo creerá. Y cuando algún comentario te hace mal, es porque esa misma frase ha estado en tu interior por mucho tiempo.

Lo que nos decimos surge de voces internas, de machacones dichos del pasado que a largo plazo generan ataduras de pensamiento y sensaciones tales como ansiedad o depresión.

Si no identificas el obstáculo, estarás toda la vida perdiendo tiempo. ¡Apártalo!, y de ese modo llegarás más rápido.

Lo que está dentro de nosotros es aquello que nos decimos a nosotros mismos.

Si te consideras una persona con severa autocrítica y perfeccionista, si te sientes constantemente preocupado, o si eres una persona con tendencia a sentirse víctima, cambia esa clase de actitudes y pensamientos.

Renuncia ahora mismo a tus dudas, a tus críticas, al perfeccionismo, a la ansiedad, a la depresión, a la indiferencia, al pasado. No vivas de memorias pasadas, no asocies tu presente y tu futuro con lo que viviste anteriormente.

Si estás decidido a dejar todo esto atrás, estarás listo para comenzar el viaje hacia el éxito y convertirte en una persona capaz de alcanzar sus metas y ver cumplidos sus sueños.

Las personas exitosas esperan, planifican y elaboran proyectos que dan resultados. ¡No hay nada peor que hacer bien algo que no es necesario! Siempre debes concentrarte en soluciones...

> Lo importante no es cuánta inteligencia tengamos, sino cómo se aplica la que tenemos.
>
> Frase extraída del libro
> *101 habilidades para vivir y trabajar mejor*

El éxito no solamente depende de nuestro intelecto, sino de un conjunto de habilidades, actitudes y aptitudes.

Tener apellidos reconocidos y poder no implica éxito, sino que éxito es sinónimo de acción, perseverancia, fuerza, voluntad, propósito y destino.

Debes tener claro cuáles son tus prioridades, y de acuerdo con ellas será lo que verás, y en consecuencia LO QUE SERÁS.

5. LLEGAR AL RESULTADO ESPERADO

Para conquistar tu futuro es primordial que elimines todas tus voces internas negativas; solo después de ello podrás alcanzarlo.

Existen diversas voces interiores que debemos identificar y eliminar:

La voz de la autocrítica

Nos fuerza a evaluar constantemente nuestros propios actos y los de los demás. Dirige nuestra atención hacia los detalles y agudiza las críticas, olvidándose del lado positivo de las situaciones.

La voz de la preocupación

Nos sitúa permanentemente en el futuro de manera alarmista.

La voz de la víctima

Nos hace analizar la situación, sentirnos en desventaja y creer que somos la víctima en cada circunstancia.

La voz del perfeccionismo

Nos impone obligaciones, mandatos y exigencias, tales como: «Debo ser el sostén de mi casa», «Debo educar correctamente a mis hijos», «Debo saludar a todos con una sonrisa siempre».

Aquellos que han caído en la trampa de escuchar esa voz no son capaces de admitir sus errores y perdonarse, y se sienten continuamente obligados a hacer todo de manera perfecta.

Una vez que hayas eliminado estas voces, estarás listo para ser un conquistador de resultados y contestar estas preguntas:

¿Qué es el futuro?

¿Acaso un sueño, una ilusión, una fantasía o simplemente una imaginación, una esperanza?

¿Acaso es ver lo que aún no existe como si existiera?

El mañana nos va a encontrar de acuerdo con las decisiones que tomemos, con los compromisos que asumamos, con los desafíos que enfrentemos, y con los éxitos que proyectemos.

> El futuro es el resultado de lo que ayer decidiste hacer hoy.

Tu futuro está en tus manos, es personal, y depende de tu esfuerzo y dedicación. Si trabajaste, lo soñaste, lo proyectaste, lo sembraste y lo cuidaste, seguramente será satisfactorio y exitoso.

Pero si no te ocupaste ni trabajaste en él, sino que lo dejaste simplemente transcurrir, no lo verás pasar y se te habrá escapado sin darte cuenta.

Debes ver tu futuro perfecto, verte con todas las oportunidades que necesitas, libre de limitaciones. Todas las capacidades para lograrlo están en tu interior. No lo desperdicies, no se lo regales a nadie, fue creado para que lo alcances y lo conquistes únicamente tú.

RESUMEN

Todos hablamos con nosotros mismos y generalmente lo hacemos de dos maneras: en voz alta o a través del pensamiento, lo que se denomina «monólogo interior». Pero si solo permites que tu voz penetre en tu interior, nada de lo que suceda a tu alrededor te afectará hasta el punto de provocarte limitaciones y heridas.

> Cada ser humano es responsable de cada decisión que toma, de cada responsabilidad que asume y de cada resultado que obtiene.

Llamamos éxito a la capacidad para resolver conflictos y dificultades, es decir, al potencial de que disponemos para desarrollar un plan completo de asimilación y acomodación que dará como resultado un aprendizaje.

Si nuestro pensamiento es positivo, nuestra acción y nuestro resultado serán positivos, de lo contrario nos dará la siguiente ecuación:

Pensamiento negativo = acciones erróneas = fracaso = resultados negativos = frustración.

Ahora bien, la pregunta tiene que ser la siguiente: ¿por qué llegamos a este resultado?

Porque son nuestros pensamientos los que nos guían y dirigen nuestras conductas y formas de actuar y de relacionarnos con los demás. El negativismo te quita energía, te quita las fuerzas, el entusiasmo, y actúa como un enceguecedor de la mente y los pensamientos. Es un bloqueador total.

Y cuando este tipo de fortalezas mentales se consolidan, nunca podrás ver las soluciones, sino solo las dificultades y los errores. Pero si tu mente está sana y funciona sin máscaras, tus pensamientos estarán orientados al éxito, a puentes y conexiones de oro y a oportunidades.

Sé dinámico, es tiempo de renunciar a todas las quejas, a las dudas y a cualquier tipo de excusas que vinieses aduciendo. A estas alturas, ya no puedes culpar a nadie; maduraste, creciste, eres un árbol arraigado, y los sueños, el futuro y los resultados están en tus manos. Solo depende de la decisión que tomes hoy, depende de ti y

Una mente orientada al éxito pregunta, crea, se regenera, inventa, produce preguntas y respuestas y traduce todos sus pensamientos en resultados.

de nadie más. Naciste para alcanzar resultados extraordinarios. No pierdas ni un segundo del tiempo que te ha sido dado, no lo desperdicies, incorpóralo y disfrútalo inteligentemente.

No hay una fórmula para el éxito, pero sí hay principios que funcionan. ¡Úsalos!: talento, dones, potencial, creatividad, fuerza, dinamismo, optimismo, fortaleza, valor, coraje, amor, sueños, vida y tiempo, organización, hábitos, actitud, inteligencia, todos ellos tienen que ver con los desafíos diarios y la pregunta es: ¿cómo los vas a usar?

La respuesta te pertenece...

BIBLIOGRAFÍA RECOMENDADA

BIRLA, Madan, *FedEx cumple*, Norma, Bogotá, 2005.

BUQUERAS y BACH, Ignacio, *Tiempo al tiempo*, Planeta, Barcelona, 2006.

DE SHAZER, Steve, *Claves para la solución en terapia breve*, Paidós, Barcelona, 2008.

GAN, Federico, *101 habilidades emocionales para vivir y trabajar mejor*, Apóstrofe, Barcelona, 1998.

HUDSON O'HANLON, William, *Crecer a partir de la crisis*, Paidós, Barcelona, 2004.

HUDSON O'HALON, W. y WEINER-DAVIS, M., *En busca de soluciones. Un nuevo enfoque en psicoterapia*, Paidós Ibérica, Barcelona, 2013.

JEFFRESS, Robert, *Secretos de Salomón, 10 Claves de los proverbios para un éxito extraordinario*, Patmos, Miami, 2005.

KIYOSAKI, Robert, *Guía para invertir*, Aguilar, Madrid, 2005.

KOSLOW, Brian, *365 maneras de ser multimillonario,* Centauro, Miami, 2002.

KRIEGEL, Robert y BRANDT, David, *De las vacas sagradas se hacen las mejores hamburguesas*, Norma, Bogotá, 2003.

KRIEGEL, Robert y PATLER, Louis, *Si no está roto, rómpalo*, Norma, Bogotá, 1994.

MCGRAW, Phillip C., *Eres importante: Construye tu vida desde el interior*, Fireside, 2005.

POWELL, Barbara, *Las relaciones personales*, Urano, Barcelona, 1987.

Santa Biblia.

SCOTT, Steven K., *Pasos simples hacia sueños imposibles*, VS Ediciones, Elche, 2000.

SILBERMAN, Mel y HANSBURG, Freda, *Seis estrategias para el éxito. La práctica de la inteligencia interpersonal*, Paidós Ibérica, Barcelona, 2005.

STAMATEAS, Alejandra, *Cuerpo de mujer, mente de niña*, Presencia de Dios, 2005.

STAMATEAS, Bernardo, *Libres de la gente*, Presencia de Dios, 2006.

—, *Emociones lastimadas*, Ediciones Presencia de Dios, 2005.

THORPE, Scout, *Pensar como Einstein*, Norma, Bogotá, 2001.

TRACY, Brian, *Caminos hacia el progreso personal. La psicología del éxito*, Paidós Ibérica, Barcelona, 1996.

YARNELL, Mark y YARNELL, René Reid, *Su primer año en el Network Marketing*, Time & Money, Buenos Aires, 2004.

ZELINSKI, Ernie J., *Pensar a lo grande*, Paidós Ibérica, Barcelona, 2001.